高等职业教育汽车运用与维修技术专业教材

U0649411

汽车维护

刘丽美　主　编

曾明仙　周　鳌　李自勇　王高峰　副主编

人民交通出版社股份有限公司
China Communications Press Co.,Ltd.

内 容 提 要

本书为高等职业教育汽车运用与维修技术专业教材之一。主要内容包括汽车品牌及维修安全注意事项认知、汽车维护项目认知、车辆主要维护设备的使用、车辆主要检测诊断设备的使用、车身外部检查维护、发动机舱内油水管路检查、发动机检查维护、车身底盘检查维护、驾驶室的检查、灯光检查维护、刮水器喷水及喇叭的检查维护、轮胎及制动器的检查维护等12个项目。本书是在院校各级领导的通力合作下,各位教师、技术专家的大力协助下编写而成。

本书可作为高等职业院校汽车运用与维修技术专业教材,也可供汽车维修从业人员及相关技术人员参考使用。

图书在版编目(CIP)数据

汽车维护/刘丽美主编. —北京:人民交通出版
社股份有限公司, 2019.9
　ISBN 978-7-114-15824-7

Ⅰ.①汽…　Ⅱ.①刘…　Ⅲ.①汽车—车辆修理—教材
Ⅳ.①U472

中国版本图书馆 CIP 数据核字(2019)第 196117 号

书　　　名:	汽车维护	
著 作 者:	刘丽美	
责 任 编 辑:	郭　跃	
责 任 校 对:	张　贺　宋佳时	
责 任 印 制:	张　凯	
出 版 发 行:	人民交通出版社股份有限公司	
地　　　址:	(100011)北京市朝阳区安定门外外馆斜街3号	
网　　　址:	http://www.ccpress.com.cn	
销 售 电 话:	(010)59757973	
总 经 销:	人民交通出版社股份有限公司发行部	
经　　　销:	各地新华书店	
印　　　刷:	北京市密东印刷有限公司	
开　　　本:	787×1092　1/16	
印　　　张:	11	
字　　　数:	250 千	
版　　　次:	2019 年 9 月　第 1 版	
印　　　次:	2019 年 9 月　第 1 次印刷	
书　　　号:	ISBN 978-7-114-15824-7	
定　　　价:	29.00 元	

(有印刷、装订质量问题的图书由本公司负责调换)

前言
FOREWORD

    高等职业教育是现代国民教育体系的重要组成部分,在实施科教兴国战略和人才强国战略中具有特殊的重要地位。党中央、国务院高度重视发展高等职业教育。改革开放以来特别是近几年来,汽车行业迅猛发展,产销量大幅增长,各职业院校根据市场需求相继开设了汽车运用与维修技术专业,选择适用的课程教材对于院校专业建设至关重要。本书是在院校各级领导的通力合作下,各位教师、技术专家的大力协助下编写而成。

    本书以现代汽车维护的"清洁、润滑、检查、补给、调整、紧固"维护作业为主线,主要以一汽—大众轿车为例,用大量的实景图和操作步骤流程图,详细讲述汽车定期维护和不定期维护的作业内容。

    本书由云南交通运输职业学院(云南交通技师学院)刘丽美、曾明仙、周鳌、李自勇、王高峰负责完成。徐世文、顾成、江炳洲、李宪义、张骧、邹兴勇、张小兴、杨洋、李自勇、杨鹏、唐道娟、李伟也参与了本书的编写。

    本书可作为高等职业院校汽车技术专业的教科书,也可作为汽车维修专业培训用书和相关技术人员的参考书。

    最后对所有支持编写的人致谢,对所引用的书籍的作者表示感谢!

    由于编者水平和经验有限,难免存在缺点和疏漏,恳请广大读者批评指正,交流探讨,以便修改补充。

编 者

2019 年 7 月

目 录
CONTENTS

项目一　汽车品牌及维修安全注意事项认知

学习目标

完成本项目学习后,你应能:

1. 简单阐述汽车品牌的发展过程;
2. 说出各主流品牌的主要车型(以一汽-大众为例);
3. 说出主要的车辆技术参数指标;
4. 简述车辆维修过程中的安全规范和要求。

建议学时

6 学时。

人类经历了漫长的靠双足行走的年代后,发明了车轮和车。马车是人类历史上使用时间最长、最有影响力的陆地交通运输工具,但马车的速度不能令人满意,于是人们希望发明出一种比马车更有耐力、更强壮的动力机器,使车轮转得更快一些。蒸汽机和内燃机的发明为汽车的发明开辟了道路,而汽车公司的创立、发展和变迁记录了世界汽车工业的成长历程。

一、汽车的发展过程

英国发明家詹姆斯·瓦特于 1769 年发明了蒸汽机,他是工业革命的关键人物,如图 1-1 所示。

图 1-1　瓦特与他发明的蒸汽机

(一)德国人发明了汽车

1876 年德国工程师奥拓研制成功世界上第一台往复活塞式四冲程发动机并申请了四冲程发动机的专利,但由于一项专利权起诉案于 1885 年宣布放弃专利,任何人都可以根据需要随意制作。

1

1885 年德国人卡尔·本茨将奥拓的内燃机进行改进,并将改进后的内燃机和一个加速器安装在一辆三轮马车上,如图 1-2 所示。1886 年 1 月 29 日,德国曼海姆专利局批准卡尔·本茨为在 1885 年研制成功的第一辆单缸三轮汽车申请专利,专利证书号为 37435,卡尔·本茨也因此获得世界上第一辆汽车的发明权,这一天也被确定为汽车诞生日。

1886 年德国人戈特利布·戴姆勒制成了世界上第一辆四轮汽车,如图 1-3 所示。

图 1-2　奔驰一号车

图 1-3　戴姆勒一号车

1887 年奔驰汽车公司成立,1890 年戴姆勒公司成立,1926 年奔驰和戴姆勒公司合并成为戴姆勒-奔驰公司,生产"梅赛德斯-奔驰"牌汽车。威尔海姆·迈巴赫——德国著名汽车设计师、戴姆勒事业的毕生合作者,他为戴姆勒的汽车装上钢质车轮,独立转向和世界上第一台齿轮变速器。他还是喷油嘴式化油器、蜂窝式散热器和四缸高速汽油发动机的发明者。1998 年戴姆勒-奔驰公司兼并美国第三大汽车公司——克莱斯勒公司,成立戴姆勒-克莱斯勒公司。

1931 年费迪南德·波尔舍创立了保时捷汽车公司,他也是大众汽车公司的创始人和甲壳虫汽车的设计者。

(二)美国人发展了汽车

汽车起源于欧洲,但汽车的发展却在大洋彼岸的北美。

1. 福特汽车公司

1896 年亨利·福特(图 1-4)研制成功 2 缸 4 轮汽车,1903 年福特汽车公司成立。

1908 年福特 T 型车促进了大众化汽车消费,如图 1-5 所示。

图 1-4　福特

图 1-5　福特 T 型车

1913 年，福特汽车公司最先建立了流水线汽车装配系统，并因此引发了世界汽车制造业的一次惊天动地的革命，促进了汽车生产的规模化。

2. 通用汽车公司

1897 年兰索姆·奥兹投资 50000 美元，成立了奥兹莫比尔汽车公司。此公司成为通用汽车集团内历史最悠久的组成部分。同年，该厂出产了第一辆"奥兹莫比尔"牌汽车，如图 1-6 所示。

图 1-6　兰索姆·奥兹和他的第一辆奥兹莫比尔汽车

1899 年奥兹莫比尔汽车公司与奥兹汽油发动机厂合并，成立了奥兹汽车生产厂，在底特律杰弗逊大道东，奥兹建立了美国第一家专营汽车制造的厂家。

1902 年，凯迪拉克汽车公司成立，1903 年别克汽车公司成立。

1908 年，威廉·杜兰特通过合纵连横，将别克、澳克兰、凯迪拉克和奥兹莫比尔等 21 家汽车公司、10 家汽配公司和 1 家销售公司联合起来成立了通用汽车公司。

3. 克莱斯勒汽车公司

1925 年沃尔特·克莱斯勒（图 1-7）在美国的底特律创办了克莱斯勒汽车公司，早期克莱斯勒车标如图 1-8 所示。

图 1-7　沃尔特·克莱斯勒　　　　　图 1-8　早期克莱斯勒车标

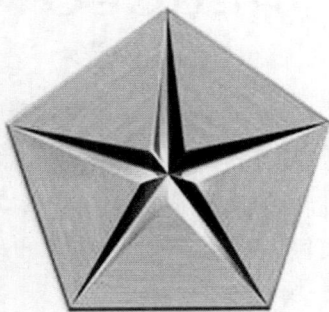

1929 年克莱斯勒汽车公司成为美国第三大汽车公司；1941 年制成安全铝合金轮圈；1958 年首创电子燃料喷射与点火系统；1972 年克莱斯勒汽车上加装了 ABS。

1998 年与戴姆勒-奔驰公司合并，成立戴姆勒-克莱斯勒汽车公司，1999 年合并基本完成，成为更为强大的全球汽车界的领导者。

（三）法国人以科技推动汽车

1769年，法国陆军工程师古诺制造出第一辆蒸汽驱动的汽车，如图1-9所示。

图1-9 第一辆蒸汽驱动汽车

1803年，法国工程师特利维柯发明的新型高压蒸汽机驱动汽车在实际中应用。

1860年，法国工程师洛娜因发明世界上第一只用陶瓷绝缘制成的电点火火花塞。

1859年，法国著名物理学家普兰特发明了铅酸蓄电池。

1862年，电器工程师来诺研制出二冲程内燃机。

1888年，法国标致汽车公司成立，该公司发明了齿轮变速器和差速器，标致车标如图1-10所示。

1898年，路易斯·雷诺创建雷诺汽车公司，该公司发明了汽车传动轴。

1913年，安德烈·雪铁龙创建雪铁龙公司，该公司发明了人字形齿轮，雪铁龙车标如图1-11所示。

图1-10 标致车标

图1-11 雪铁龙车标

1999年，雪铁龙与标致汽车公司合并成立标致-雪铁龙汽车公司。

（四）英国人以精心制造汽车

1769年，瓦特发明蒸汽机，拉开了第一次工业革命的序幕。

1838年，英国发明家亨纳特发明了世界第一台内燃机点火装置，该发明被称为"世界汽车发展史上的一场革命"。

1877年，罗孚公司成立；1984年，罗孚在60型轿车的基础上增加了四轮驱动和多功能车身，这就是世界闻名的越野车品牌——陆虎（LAND ROVER）的第一辆车，车标如图1-12所示。

1904年，劳斯莱斯汽车公司成立，1907年生产"幻影"车型，车标如图1-13所示。

1919年，宾利汽车公司成立，1931年成为劳斯莱斯旗下的子品牌，宾利车标如图1-14所示。

图 1-12　陆虎车标　　　　图 1-13　劳斯莱斯车标　　　　图 1-14　宾利车标

(五) 日本人以野心创新汽车

日本五大汽车集团:丰田、本田、日产、三菱、马自达,车标如图 1-15 所示。

图 1-15　丰田、本田、日产、三菱、马自达车标

1920 年,日本成立东洋汽车工业公司。

1933 年,丰田自动织布机成立汽车部,后独立为丰田汽车公司。

1933 年,日产前身塞米股份公司成立。

1936 年,日本三菱公司开始生产汽车。

1937 年,五十铃汽车公司成立。

1948 年,本田公司成立。

1958 年,日本首次向美国出口汽车;1970 年日本成为世界第二大汽车生产国;1980 年日本汽车年产量首次超过美国。

(六) 韩国人以雄心追赶汽车

1944 年 12 月,韩国起亚汽车公司成立。

1967 年,韩国现代、韩国大宇成立。

1970 年,韩国汽车年产量仅为 2.8 万辆。

20 世纪 70 年代,韩国政府实行"汽车国产化"政策,各汽车公司大规模引进外国生产技术:1972 年,大宇汽车公司与美国通用合资,推出"王子"车型。

1985 年韩国汽车年产量为 37 万辆,1989 年年产量为 113 万辆,1990 年年产量为 132 万辆,1995 年年产量为 254 万辆,韩国汽车逐渐形成以现代、起亚、大宇、双龙四公司鼎足的市场结构,其车标如图 1-16 所示。韩国至此也成为世界汽车生产大国。韩国汽车工业的发展与国家的扶持政策是分不开的,但 1997 年受亚洲金融危机的影响,韩国汽车工业受到重大打击,原来被飞速发展所掩盖的政企不分、家族式经营的弊端日益显露出来,企业走到了破产与亏损的边缘,韩国汽车工业被迫进行重新调整。

图 1-16　现代、起亚、大宇、双龙车标

（七）汽车在中国的发展

1901 年，匈牙利人李恩时进口两辆奥兹莫比尔汽车到上海。

1902 年，袁世凯从德国零时购买 1898 年产第二代奔驰轿车作为寿礼献给慈禧。

孙中山最早提出建立中国汽车工业，发表于 1920 年《建国方略》。

1928 年，张学良是第一个组织汽车国产的人。

1929 年，进口车辆 8781 辆；1930 年，汽车保有量为 38484 辆。

1930 年，上海出现从事汽车或零件销售、汽车出租的洋行。

1. 新中国汽车历史——初创阶段（1949—1960 年）

1950 年 1 月，毛泽东主席、周恩来总理在莫斯科同苏联会谈，商定苏联援助中国一批重点工业项目，其中包括建设一座现代化载货汽车厂。

1953 年 7 月 15 日，第一汽车制造厂动工，如图 1-17 所示。

1956 年 7 月 13 日，国产第一辆解放牌 4 吨载货汽车在第一汽车制造厂诞生，如图 1-18 所示。

图 1-17　第一汽车制造厂建设奠基典礼

图 1-18　解放 CA150 型载货汽车

1958 年以后，各省市纷纷利用汽车配件厂和修理厂仿制和拼装汽车，形成了中国汽车工业发展史上第一次"热潮"。到 20 世纪 50 年代末，中国的汽车制造厂迅速增长到 16 家，汽车改装厂增加到 28 家，汽车，特别是载货汽车产量迅速稳步增长，达到年产两万多辆。

2. 新中国汽车历史——摸索成长阶段（1960—1980 年）

该阶段跨越了四个"五年计划"，以第二汽车制造厂、四川汽车制造厂和陕西汽车制造厂的建设为主线。

1967 年 4 月 1 日，第二汽车制造厂正式破土动工，举行开工典礼。9 月工程全面开工，建设周期长达 10 年之久。20 世纪 60 年代后期，为满足重型载货汽车需求，四川汽车制造厂和陕西汽车制造厂，以及一大批配套厂先后投入建设。到 1976 年，全国汽车厂家增加到 66 个，专用改装车厂增加到 166 个。到 1979 年，中国汽车产量已达到 19 万辆，形成了以载货车和越野车为主体的汽车产品体系。

3. 新中国汽车历史——快速全面发展阶段(1981—1999 年)

20 世纪 80 年代初期,中国汽车工业不但产品数量不能满足要求,产品结构也以中型载货车为主,"缺重少轻,轿车几乎空白"。

1979 年 2 月,国务院批准成立汽车总局。

1981 年 9 月,国务院授权国家外国投资管理委员会批准上海轿车外资合营项目建议书。

1982 年 5 月,中国汽车工业公司在北京成立。

1984 年 1 月 15 日,北京汽车制造厂与美国汽车公司(AMC)合资经营的北京吉普汽车有限公司举行开业仪式。7 月,中法合资的广州标致汽车公司成立。

1985 年 3 月,中国与德国合资的上海大众汽车有限公司正式成立,9 月正式开业。

1987 年 8 月,国务院确定一汽、二汽、上海三个轿车生产基地。9 月 27 日,中国北方工业(集团)总公司和德国戴姆勒·本茨公司关于重型汽车生产许可证转让合同在北京签字。

到 20 世纪 90 年代,中国汽车生产能力比 70 年代末增长了约 10 倍,全国汽车年产量 1992 年首次超过 100 万辆。1998 年汽车年产量为 162.8 万辆,世界排名第 10 位,其中商用车生产 112.1 万辆,世界排名第 3 位;轿车生产 50.7 万辆,世界排名第 14 位。1992—1998年,全国生产汽车累计 984.7 万辆,其中轿车 234.8 万辆,基本满足了国内快速增长的汽车需求。

1990 年 11 月,一汽和德国大众公司 15 万辆轿车合资项目在北京签字。12 月,二汽与雪铁龙公司轿车合资项目在法国签字。

1991 年 1 月,上海大众汽车有限公司生产的桑塔纳轿车国产化率达 60.09%,整车和发动机开始出口。2 月 8 日,中外合资企业——一汽-大众有限公司在长春成立。

1998 年 6 月,中日合资企业广州本田成立。

1998 年 12 月上海通用别克下线。

二、汽车品牌的主要车型

随着汽车的不断发展,各汽车行业竞争日益激烈,各汽车品牌的品牌车型不断推陈出新,这里以一汽-大众车型为例进行介绍。

(一)捷达

捷达(Jetta)是"德国大众汽车集团"旗下的车型(图 1-19)。在中国国内由德国大众汽车集团与中国一汽集团的合资企业"一汽-大众汽车有限公司"生产。捷达在中国曾率先应用了世界上最先进的 5 气门多点电子喷射发动机,并以其独到的产品设计性能和全方位的安全技术装备,形成了鲜明的产品个性。捷达轿车不仅开创了中档轿车应用高档发动机技术、安全技术装备的先河,而且全部产品率先采用了先进的多点电喷技术,全部加装了三元催化转换器,提升了中档轿车的环保性能,从而使捷达轿车成为中档轿车环保的先驱。捷达轿车以优异的产品质量,在中国首创"50 万 km 无大修"和"90 万 km 无大修"的纪录,赢得了美誉。

(二)宝来

宝来(图 1-20)在设计上打破了以"大尺寸"和"乘坐者"为重点的传统观念,反以驾驶者作为产品开发的核心,强调了驾驶的乐趣,是一种全新的设计理念。

图 1-19 全新捷达

图 1-20 全新宝来

宝来发动机为直列四缸、单缸 5 气门、多点电喷;变速器为 MQ250-5 挡手动变速;排量 1781mL。宝来轿车,只要看到它,就让人产生一种忍不住要驾驶它的冲动和渴望。同德国大众其他车型一样,"Bora"以"风"的名字命名,它是亚得里亚海清新的海风。在中国一汽-大众赋予它一个具有民族文化特色吉祥如意的名字"宝来"。它是大众品牌旗下的全尺寸轿车,是与国际同步的产品,是现代轿车性能和品质的领导者。

作为品牌的载体,它淋漓尽致地体现了大众品牌"迷人的完美、不断地创新、生活的伴侣和对人类环境负责"的全部内涵,是大众品牌核心价值的忠实体现者。它的核心理念是"要为汽车的价值树立典范,令人体现完美"。

(三)高尔夫

一汽-大众首批投放的高尔夫(图 1-21)为 2.0L 版本,车身尺寸比 POLO 略大一些,它采用了与宝来同样的底盘系统,同出于德国 PQ34 平台。虽然它有着很高的安全性和经典外观,但是却没能对国人产生强大吸引力。也许是因为其 2 厢外形并不为当时的国人所接受,经典的高尔夫第四代,在中国市场惨败。

2009 年底,第六代高尔夫的上市,无疑代表了高尔夫在中国的又一个里程碑。PQ35 与 PQ46 平台合并的基础上更强调了模块化概念。同时搭载 1.4TSI 缸内直喷涡轮增加发动机和 DSG 双离合变速箱,动力性十足且几乎没有换挡顿挫感,使驾驶者充分体验了驾乘乐趣。

(四)速腾

速腾(图 1-22)是一汽-大众于 2006 年 4 月 9 日投放中国市场的一款新车型,其英文名称为"SAGITAR",定位为"德系高性能轿车"。速腾是以德国大众在北美地区销售的第五代 jetta 为原型开发的。基于大众公司新一代 PQ35 底盘开发的速腾,技术含量与海外车型如出一辙,唯一不同的是海外车型采用的是最先进的 FSI 发动机,而国产车只沿用原来的 1.8T、2.0L 和 1.6L 发动机。

图 1-21 高尔夫

图 1-22 新速腾

速腾的车头部分与第五代高尔夫极为相似,而车尾部分则相对略显简单,四圆灯的设计一直都是大众的传统风格。

内饰风格上,中控台布局完全不会让人有任何的上手难度。实际表现中,速腾的指向性非常不错,但悬挂的支撑依旧是韧性中略显偏硬,给人以很强的操控感。1.4TSI 发动机和 DSG 的组合提供了日常驾驶所应有的舒适性和经济性,并在需要的时候能够给予超越 2.0L 自然吸气发动机的动力表现。速腾采用的 1.4T 发动机动力最大功率 96kW,最大扭矩220N·m,动力表现已经超过很多 2.0L 排量车型。在驾驶表现中,速腾的悬挂在激烈驾驶时的表现虽然令人略有些失望,但是优秀的结构和平衡的驾驶感觉还是要超过许多同级别车型的。

（五）迈腾

迈腾(图 1-23)源自和德国大众汽车公司的帕萨特 B6 关系紧密的 FutureB6,是帕萨特品牌汽车的第六代车型,由一汽-大众汽车有限公司生产和销售。2007 年 7 月上市,在中国的中文名称是"迈腾"。据一汽-大众方面解释,"迈"寓意自信、果决、动感;"腾"表示腾飞、超越、激情。拉丁文名称"Magotan",来源于拉丁文词根"Magnus",意义是出众的、高贵的、权威的,受人尊敬的。之所以取了"迈腾"(Magotan)这样一个新名字,主要是帕萨特的生产厂换成在一汽-大众生产,而且上海大众汽车有限公司生产的帕萨特 B5 尚未停产。

一汽大众迈腾采用 PQ46 平台、激光焊接、TSI 发动机、DSG 变速器、空腔注蜡等新技术,取得了同级别车型中技术含量最高的桂冠。代表德国最新科技的迈腾,应该算是中高级车里保值率比较高的一款,深受大多数 B 级车用户的喜爱。

（六）CC

大众 CC(图 1-24)被欧洲媒体誉为"有史以来最美的大众汽车",它扩展延伸了大众品牌的精神内涵,充分展示大众汽车深厚的设计功力。一汽-大众推出国产 CC,着力打造优雅动感的高级轿车,在设计风格、材质工艺、驾控体验和安全配置上攀登 B 级轿车豪华之巅,让中国消费者能够享受动感与优雅完美结合的魅力。

图 1-23　全新迈腾　　　　　　　　　图 1-24　新 CC

CC 的外形设计融合了跑车的动感与豪华轿车的优雅,刚劲有力而不失华贵,显示出独有的气质内涵。锐利的"丹凤眼"前照灯充满运动张力,鸥翼造型前保险杠动感十足。豪华车特有的高腰线车身,利刃般锋利的贯穿棱线,硬朗的高轮拱设计,同级车中唯一采用豪华高档跑车特色自动无框车门设计,均展示了 CC 这个"运动健将"骁勇帅气的一面。

与前风窗完美融合的全景天窗,以柔和的曲线衔接着向下倾斜的大面积后风窗,勾勒出车顶英气逼人的动感线条。带扰流功能设计的短尾造型灵动非凡,加大尺寸并拉长的尾灯与前照灯相呼应,让整车看起来非常协调,浑然天成。

一汽-大众 CC 的外形几乎得到了所有人的肯定,靓丽的外形设计传达出独一无二的"C 语言"。极具个性且令人深刻的前脸,更加飘逸的车灯,一汽-大众 CC 是这一风格的巅峰之作。

三、车辆的主要技术参数

(一)尺寸参数

汽车的主要尺寸参数有车长、车宽、车高、轴距、轮距、前悬、后悬、接近角、离去角和离地间隙等(图 1-25)。

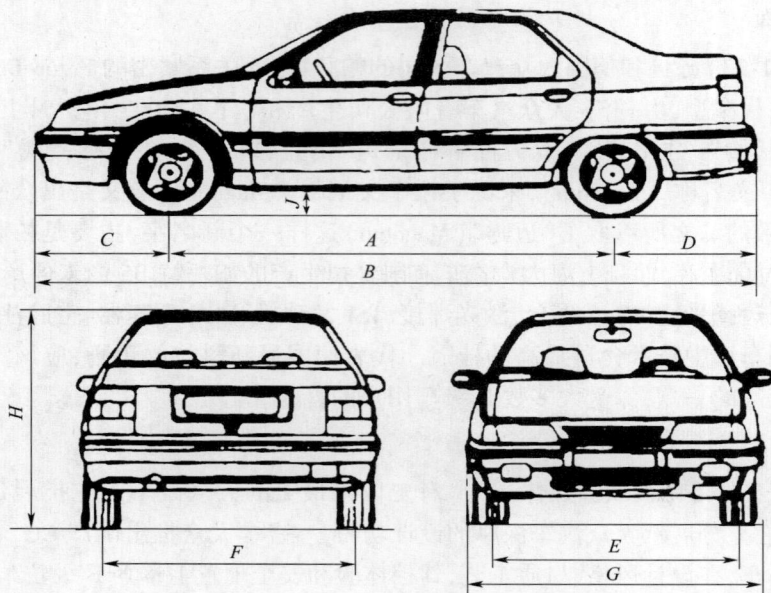

图 1-25　车辆的外形尺寸参数

A-轴距;B-车长;C-前悬;D-后悬;E、F-轮距;G-车宽;H-车高;J-离地间隙

(1)车长:汽车前后最外端突出部位的两垂直面之间的距离。

(2)车宽:汽车两侧固定突出部分(不包括后视镜、侧面标志灯、转向指示灯、挠性挡泥板、折叠式踏板、防滑链)两垂直面之间的距离。

(3)车高:车辆没有装载且处于可运行状态时,车辆支撑面与车辆最高突出部位相抵靠的水平面之间的距离。

(4)轴距:车辆同一侧相邻两车轮的中心点,并且垂直于车辆纵向对称平面的两垂线之间的距离。

(5)轮距:同一车轴上两端车轮中心平面之间的距离。

(6)前悬:两前轮中心垂面与抵靠车辆最前端垂面之间的最大距离。

(7)后悬:两后轮中心垂面与抵靠车辆最后端垂面之间的最大距离。

(8)接近角:车辆静载时,水平面与切于前轮轮胎外缘的平面之间的最大夹角。

(9)离去角:车辆静载时,水平面与切于后轮轮胎外缘的平面之间的最大夹角。

(10)离地间隙:车辆支撑平面与车辆上中间区域内最低点之间的距离。

(二)质量参数

(1)整备质量:装备有车身、全部电器设备和车辆行驶时所需要的辅助设备完整的质量(不包括燃料和冷却液质量)与选装装置(包括固定的或可拆除的铰接侧板栏、篷杆、防水篷布等)的质量之和。

(2)载质量:是指在硬质良好路面上行驶时所允许的额定载质量。当汽车在碎石路面上行驶时,载质量应有所减少(约为好路的75%～80%)。越野汽车的载质量是指越野行驶或土路上行驶的载质量。轿车的装载量是以座位数表示的。城市公共汽车的装载量等于座位数并包括站立乘客数(一般按每人不小于0.125m²面积计),其他城市客车按每人不小于0.15m²面积计。长途客车和旅游客车的装载质量等于座位数。

(3)总质量:是指装备齐全时的汽车自身质量与按规定装满客(包括驾驶员)、货时的载质量之和,也称满载质量。即总质量 = 整备质量 + 载质量。

四、车辆维修过程中的安全规范和要求

(一)安全标志

安全标志是向工作人员警示工作场所或周围环境的危险状况,指导人们采取合理行为的标志。安全标志能够提醒工作人员预防危险,从而避免事故发生;当危险发生时,能够指示人们尽快逃离,或者指示人们采取正确、有效、得力的措施,对危害加以遏制。

国家规定了四类传递安全信息的安全标志,具体如下:

禁止标志:表示不准或制止人们的某种行为;

警告标志:使人们注意可能发生的危险;

指令标志:表示必须遵守,用来强制或限制人们的行为;

提示标志:示意目标地点或方向。

大家可能都注意过,当我们进入汽车维修车间时,会见到各种各样的标志(图1-26)它们代表着什么意义呢?

图1-26　安全标志图

（二）日常行为注意事项

（1）严格遵守车间安全操作规程，尊重并服从教师管理。

（2）爱护车间里的一切设施设备，非正常损坏照价赔偿并视情节轻重处罚。

（3）车间内不得大声喧哗和追逐打闹，爱护场地及设施设备的清洁，营造良好的学习环境。

（4）实训时严格按工艺要求操作，所有工具必需摆整齐，使用完毕后清点、检查并擦拭干净，按要求放入工具车或工具箱内。

（5）拆装零部件时，正确使用工具或专用工具，严格按工艺要求操作，所有零件拆卸后按顺序摆放整齐，不得随地乱放。

（6）对车辆进行实际操作训练时，按规定给车辆穿好"五件套"，并注意保护车辆漆面光泽、车辆内部装饰、座位以及地毯，保持车辆的整洁。

（7）实训完毕后，各组认真清洁设备及场地，经教师同意后方可离开教室。

（三）防火防盗安全注意事项

（1）严禁在车间和教学相关区域内吸烟，一经发现，按学生管理规定严处。

（2）未经允许，禁止在车间使用明火，如打火机、火柴等。

（3）为车辆添加燃油必须在教师指导下进行。

（4）所有人员清楚灭火器安放位置，并会正确使用灭火器，如图 1-27 所示。

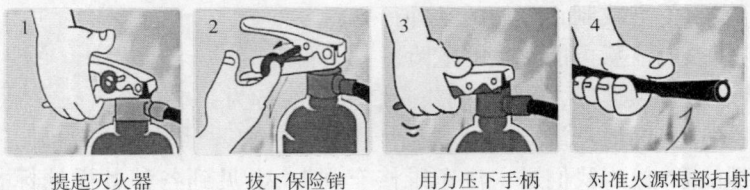

提起灭火器　　　拔下保险销　　　用力压下手柄　　　对准火源根部扫射

图 1-27　灭火器的使用

（5）每天课后检查并关锁好门窗。

（四）用水用电安全注意事项

（1）遵守安全用电规程，记住电源总开关位置，在紧急情况下切断总电源。

（2）正确插、拔用电设备插头，发现插座、插头异常或导线绝缘层破损，及时报告教师。

（3）不得随意拆卸、安装电源线路、插头、插座等。

（4）严禁私接电源，如手机充电器或使用大功率用电器。

（5）注意节约用水。

（五）车间安全操作注意事项

1. 工具使用

（1）使用后要将工具摆放整齐或放回工具车，遗忘或者乱放的工具可能会将人绊倒或掉落伤人。

（2）保持工具清洁，不要将手动工具沾染油脂，切勿使用已知损坏的工具。

（3）一定要使用正确规格的工具进行作业。

（4）不要将尖锐的工具放在工作服口袋,锋利的工具不用时应护好刃口。

（5）不要用工具进行不相应的工作。

（6）切勿使用加长工具手柄以增大杠杆作用。

（7）要有工具清单。

2.设备使用

底盘实训室的台架常见的有变速器的、转向系的、悬架的,它们在我们上底盘实训课时,使用频率较高,可用来拆装、检测等,在使用它们时需要注意以下事项:

（1）底盘各系统的台架都比较重,要保证连接稳固。

（2）不随意翻转台架。

（3）台架都有轮子,不能随意推动,放在专用位置上时轮子要可靠锁住。

（4）变速器台架下方一般都有接油盘,要保证清洁干爽;若要接油时,防止油液溅出。

（5）零部件和工具不能放到台架和装在台架的总成系统上。

思考与练习

一、填空题

1.汽车诞生日为_____年_____月_____日。

2.卡尔·本茨在1885年研制成功了第一辆_____汽车,1886年德国人戈特利布·戴姆勒制成了世界上第一辆_____汽车。

3.在中国,1928年,_____是第一个组织国产汽车的人。

4.一汽-大众车型有_____、_____、_____、_____、_____等。

5.汽车总质量是指_____和_____之和。

二、判断题

1.荷兰发明家詹姆斯·瓦特发明了蒸汽机。　　　　　　　　　　　　　　（　　）

2.福特汽车公司最先建立流水线汽车装配系统。　　　　　　　　　　　　（　　）

3.车宽是汽车两异侧车轮之间的距离。　　　　　　　　　　　　　　　　（　　）

4.车间内不得大声喧哗和追逐打闹。　　　　　　　　　　　　　　　　　（　　）

5.可以随意在车间使用明火,如打火机、火柴等。　　　　　　　　　　　（　　）

三、简答题

1.汽车的主要技术参数分为哪两类?分别是哪些主要参数?

2.在车间实训操作时使用台架时有哪些注意事项?

项目二　汽车维护项目认知

汽车维护是指汽车行驶一定里程和时间后,根据汽车维护技术标准,按规定的工艺流程、作业范围、作业项目和技术要求所进行的预防性作业,又称汽车保养。其目的就是保持车辆技术状况良好,确保行车安全,充分发挥汽车的使用效能并降低运行消耗,以取得良好的经济效益、社会效益和环境效益。

一、概况

根据交通运输部《道路运输车辆技术管理规定》,道路运输经营者应当建立车辆维护制度。车辆维护分为日常维护、一级维护和二级维护。日常维护由驾驶员实施,一级维护和二级维护由道路运输经营者组织实施,并做好记录。

道路运输经营者应当依据国家有关标准和车辆维修手册、使用说明书等,结合车辆类别、车辆运行状况、行驶里程、道路条件、使用年限等因素,自行确定车辆维护周期,确保车辆正常维护。车辆维护作业项目应当按照国家关于汽车维护的技术规范要求确定。道路运输经营者可以对自有车辆进行二级维护作业,保证投入运营的车辆符合技术管理要求,无须进行二级维护竣工质量检测。道路运输经营者不具备二级维护作业能力的,可以委托二类以上机动车维修经营者进行二级维护作业。机动车维修经营者完成二级维护作业后,应当向委托方出具二级维护出厂合格证。

道路运输经营者应当遵循视情修理的原则,根据实际情况对车辆进行及时修理。

道路运输经营者用于运输剧毒化学品、爆炸品的专用车辆及罐式专用车辆(含罐式挂车),应当到具备道路危险货物运输车辆维修资质的企业进行维修。前款规定专用车辆的牵引车和其他运输危险货物的车辆由道路运输经营者消除危险货物的危害后,可以到一般车辆维修资质的企业进行维修。

二、汽车维护的分类

当代汽车维护分类标准一般按照千米数、时间来进行分类,两者以先到者为准。维护包含首次维护和定期维护。

(一) 首次维护

首次维护是用户购车后按规定的里程或使用时间第一次对车辆进行检查和调整。首次维护将对车辆的各种液位进行检查,同时还要检验车辆是否运行正常。

根据《新车质量担保规定》,首次维护是车主享受质量担保的必要条件;质量担保期内的任何担保,车主必须出示整车三包凭证或整车保修证明和首次维护卡。

(二) 定期维护

定期维护是用户车辆按一定的行驶间隔里程或使用间隔时间,定期到维修服务站对车辆进行检查和维护。定期维护包括更换发动机油和机油滤清器等项目。

定期维护一般分为日常维护、一级维护、二级维护三类;也可按使用和车辆实际情况分为季节性维护和走合期维护两类;部分品牌车型根据执行的操作内容分为 A 类、B 类和其他类型操作。维护作业以清洁、检查、紧固、润滑、调整和补给等六大作业为主,维护范围随着行驶里程和时间增加逐步扩大,内容逐步加深。

为方便操作和识别,维护的操作内容以一汽-大众品牌车型为例,可分为如下类别:

(1)首次维护:新车行驶 7500km 或 6 个月(以先达到者为限)。

(2)A 类定期维护:每次车辆维护时都要执行的操作。

(3)B 类定期维护:每 30000km 要执行的操作。

(4)其他类型操作:根据车辆使用年限而执行的操作。如更换正时皮带,根据发动机的不同更换正时皮带(注:EA111、EA888 发动机为正时链条,维护时不需要更换)。

(三) 车辆首次维护里程或时间

以一汽-大众车型为例,车辆首次维护里程或时间见表 2-1。

一汽-大众首次维护间隔里程或时间　　　　　　　　　　　表 2-1

车　　型	发动机类型	里程或时间(以先达到者为准)
捷达	EA113/EA211	
宝来	EA111	
高尔夫	EA111/EA211	
速腾	EA111/EA211	7500km 或 6 个月
迈腾	EA111/EA888	
CC	CEA/CGM/EA888	
高尔夫 GTI	EA888	

注:在正常使用条件下,新车行驶了表 2-1 规定的里程或时间(即 7500km 或 6 个月)前应当进行首次维护;而在非正常使用条件下,建议首次维护里程缩短至 5000km 或 3 个月。

在正常使用条件下,定期维护的里程以里程表的读数为准,包括首次维护的里程。例如:某首次维护里程为7500km,定期维护间隔为7500km的车辆,当车辆在7500km进行首次维护后,再行驶7500km,即里程表读数为15000km时进行第1次定期维护。此后,每行驶7500km就必须进行定期维护。

非正常使用条件是指:

(1)用于出租车、租赁等营运性质的活动,或用于比赛竞技、表演娱乐、军事行动、被征用等用途。

(2)在炎热的地区行驶(温度经常超过30℃的地区)。

(3)在寒冷的地区行驶(温度经常低于-15℃的地区)。

(4)在充满尘土的道路或地区行驶(如施工工地、沙漠等)。

(5)经常短距离行驶(发动机温度常达不到90℃)。

(6)使用不符合厂家所建议的润滑油或使用质量值得怀疑的燃油。

(四)维护的六项内容

(1)清洁作业是提高汽车维护质量、防止机件腐蚀、减轻零部件磨损和降低燃油消耗的基础,并为检查、补给、润滑、紧固和调整作业做好准备。

(2)检查作业是汽车维护的重要工作之一,通过对汽车各部位的检查,以确定零件的变异和损坏情况。

(3)补给作业是指在汽车维修中,对汽车的燃料、润滑材料及特殊工作液进行加注补充;对蓄电池进行补充充电、对轮胎进行补气等作业。

(4)润滑作业是为了减少各摩擦副的摩擦力,减轻机件的磨损所进行的作业。

(5)紧固作业是为了使各部分机件连接可靠,防止机件松动。

(6)调整作业是保证各总成和机件长期正常工作的重要环节,调整工作的好坏,对减少机件磨损、保持汽车使用的经济性和可靠性有直接关系。

三、汽车维护项目及耗材

(一)首次维护项目

首次维护项目主要包括必须更换项目及耗材、检查液面或添加、检查等内容。

(1)必须更换项目及耗材。更换机油、机油滤清器、油底壳放油塞垫圈。

(2)检查液面或添加。检查或添加发动机冷却液、制动液、助力转向液、风窗洗涤液。

(3)检查。检查发动机、变速器有无渗漏;管路和壳体的密封及状况;风窗洗涤机构和液面;转向机构和传动轴防尘套的密封及状况;三角臂和连接杆球头的密封及状况;前后减振器的状况;排气管和车身底部;离合器行程或自调机构;驻车制动状况;轮胎(含备胎)状况、气压;蓄电池状态;各种灯光和喇叭;自诊断内存;车辆路试。

(二)定期维护项目

1. A 类定期维护项目

(1)必须更换。更换机油、机油滤清器、油底壳放油塞垫圈。

(2)检查液面或添加。检查或添加发动机冷却液、制动液、助力转向液、玻璃清洗液。

(3)检查、调整或更换。检查前、后制动盘和摩擦片的磨损;检查调整附件皮带张力和状况;检查或更换节气门,必要时清洁。

(4)检查。检查发动机、变速器有无渗漏;管路和壳体的密封及状况;风窗洗涤机构;转向机构和传动轴防尘套的密封及状况;三角臂和连接杆球头的密封及状况;前后减振器的状况;排气管和车身底部;离合器行程或自调机构;驻车制动状况;轮胎(含备胎)状况、气压;蓄电池状态;各种灯光和喇叭;诊断仪检测;排放检查;车辆路试。

(5)清洁。清洁空气滤清器滤芯、空调滤清器滤芯、节气门。

(6)A类定期维护项目所必需的耗材。主要包括机油、机油滤清器、油底壳放油塞垫圈。

2.B类定期维护的项目

(1)执行全部A类定期维护项目的内容。

(2)2万km或24个月更换项目:空调滤清器、火花塞。

(3)3万km或24个月更换、检查项目:冷却液、制动液、空气滤清器滤芯、火花塞、气门间隙检查、检查调整附件皮带张力和状况、汽油滤清器更换。

(4)6万km或48个月:火花塞、更换手动变速器油。

(5)9万km或72个月:附件皮带更换、正时皮带更换(出租车为6万km)、更换自动变速器油。

(6)更换气囊和预紧式安全带(10年)。

(7)B类定期检查所必需的耗材:机油、机油滤清器、油底壳放油塞垫圈、空调滤清器、火花塞、冷却液、制动液液位、空气滤清器滤芯、手动变速器油、附件皮带、正时皮带、自动变速器油。

四、车辆维护工艺及作业程序

为了提高维护操作的效率,减少用户等待时间,全国推出了二人快速维护工艺流程,以一汽-大众品牌车型为例(表2-2)进行说明。

维护工艺及作业程序　　　　　　　　　　　　　　　　　　　表2-2

A 操作工		B 操作工		备　注
一、车辆进入工位(车轮着地→离地100mm)				
1	引导车辆就位	1	接受接车员的单据后进入车内	车辆左右正确入位后,A在侧面引导
2	外部灯光喇叭检查(检查指示)	2	外部灯光喇叭检查(开关的操作)	另行规定统一的手势
3	刮水器检查(前后刮水片检查、喷嘴调整)	3	刮水器检查(开关的操作)	
4	铺挂前翼子板防护罩	4	内部灯光、仪表检查	
5	离合器踏板行程调整(依车型)	5	离合器踏板行程检查(依车型)	
6	蓄电池检查(发动机舱)	6	蓄电池检查(内部操作)	
7	检查机油液位后拧松或拆下机油滤清器	7	用诊断仪读取删除故障	
8	冷却液检查	8	维护提示初始化	
9	制动液检查	9	润滑车门铰链	
10	助力转向液检查	10	检查车门开关和安全带	
11	补充玻璃清洗液	11	拧松车轮螺栓(着地时)	

续上表

A 操作工		B 操作工		备　注
一、车辆进入工位(车轮着地→离地 100mm)				
12	空气滤清器清洁或更换	12	驻车制动检查(离地时)	
13	通风管、油气分离器清洁(依车型)	13	拆下(拿出)备胎	
14	空气滤清器清洁或更换	14	记录检查项目	
15	上部管路和发动机、变速器密封检查			
二、车辆升起(举升至 1300mm 高度)				按前轮→后轮的顺序
	左侧		右侧	
16	拆下前/后轮胎	15		
17	检查前减振器密封	16		
18	检查制动器附近防尘套密封	17	同左侧	
19	检查制动器附近球铰间隙(依里程)	18		
20	检查制动器附近制动管路	19		
21	检查制动盘(鼓)、制动片	20		
22	检查前后轮胎	21	检查前后轮胎和备胎	
		22	记录检查项目	
三、车辆升起(举升至 1600mm 高度)				
23	拆下护板、机油滤清器,放机油	23	排气管检查	
24	下部管路和发动机、变速器密封检查	24	中后部管路检查	
25	下部防尘套(包括转向齿条)检查	25	检查后减振器	
26	下部球销间隙检查(依里程)	26	修理或更换轮胎	
27	安装拧紧机滤(依车型)			
28	安装拧紧放油螺塞			
29	检查调整附件皮带			
30	安装下护板	27	记录检查项目	
四、车辆下降(车轮离地 100mm→着地)				
31	安装车轮(左侧)	28	安装车轮(右侧)	
32	安装拧紧机油滤清器(依车型)	29	拧紧车轮螺栓(全部)	
33	更换火花塞(依里程)	30	检查调整轮胎气压(着地)	
34	检查调整气门间隙(依车型和里程)			
35	检查加注机油	31	发动机车辆配合检查	
36	检查发动机舱油液泄漏			
		32	填写检查记录	

　　在进行二人维护操作前,请安装维护室内五件套和室外三件套,即驾驶员座椅套、转向盘套、变速杆套、驻车制动器套、脚垫;左右翼子板保护垫、前格栅护垫。

　　车辆如需试车的,先试车,看初检再进行维护。

五、单据填写

(一)目的

保证工作的有序性、准确性,提高工作时效,提升公司服务品质和公司整体形象。

(二)范围

从维修车辆进场至结算出厂过程中参与工作的所有人员。

(三)工作内容

(1)业务接待与派工流程(参照接车派工程序文件)。

(2)开始维修。

①做好承修车辆卫生保护,将座椅、转向盘、地毯等保护垫套安装到位后方能开始维修操作。

②修理工依据《派工单》所描述内容进行维修,同时填写《首次维护单》《定期维护单》《中间维修单》和《领料单》,以一汽-大众为例,定期维护项目见表2-3,接/交车单见表2-4。如发现有新增项目要及时与客户沟通后方可施工(可通过前台与客户沟通)。

定期维护项目   表2-3

维护 类型			维护内容	维护检查 情况		
				正常	不正常	已调整
km之后每km常规维护	km常规维护	km首次维护	1. 车身内外照明电器,用电设备检查功能: ——组合仪表指示灯、阅读灯、化妆镜灯、时钟、手套箱照明灯、点烟器、喇叭、电动摇窗机、电动外后视镜、暖风空调系统、收音机 ——近光灯、远光灯、前雾灯、转向灯、警示灯 ——驻车灯、后雾灯、制动灯、倒车灯、车牌灯、行李舱照明灯			
			2. 自诊断:用专用诊断设备 VAS 505X 读取各控制器内的故障存储信息			
			3. 安全气囊和安全带:目测外表是否受损,并检查安全带功能			
			4. 多功能转向盘:检查各按键的功能			
			5. 手制动器:检查,必要时调整			
			6. 前风窗玻璃落水槽排水孔:清洁			
			7. 刮水器/清洗装置:检查刮水片,必要时更换;检查清洁装置功能,必要时调整并加注清洗液			
			8. 发动机舱:检查燃油管路、真空管路、电气线路、制动管路、ATF 油冷却器管路是否存在干涉或损坏,必要时调整			
			9. 发动机机油及机油滤清器:更换(行驶里程较少的车辆建议每6个月更换) (注:如果拆卸油底壳放油螺栓必须更换)			
			10. 冷却系统:检查冷却液冰点数值(℃),检查系统是否泄漏,必要时补充原装冷却液(G12++或 G0) (标准值:-35℃,极寒地区低于-35℃。请使用冰点仪 T10007 检测冷却液冰点数值)			

维护类型			维 护 内 容	维护检查情况		
				正常	不正常	已调整
km之后每km 常规维护	km 常规维护	km 首次维护	11. 空气滤清器:清洁罩壳和滤芯			
			12. 蓄电池:观察蓄电池上电眼,必要时使用 MCR341 V 检测蓄电池状况,检查正负极连接状态			
			13. 前照灯:检查灯光,必要时调整(若配备前照灯清洗装置,请检查功能,必要时调整)			
			14. 助力转向系统:检查是否泄漏,检查转向液面,必要时加注			
			15. 转向横拉杆/稳定杆/连接杆:检查是否有间隙,连接是否牢靠			
			16. 车身底部:检查燃油管、制动液管是否干涉以及底部保护层是否损坏,排气管是否泄漏,固定是否牢靠			
			17. 底盘螺栓:检查并按规定力矩紧固			
			18. 制动系统:检查制动液管路是否泄漏,检查制动液面,必要时补充			
			19. 轮胎/轮毂(包括备胎):检查轮胎磨损情况,必要时进行轮胎换位,同时校正轮胎气压			
			20. 车轮固定螺栓:检查并按规定力矩紧固			
			21. 试车:性能检查			
			22. 保养周期显示器:复位			
			23. 空调系统冷凝排水:检查,必要时清洁			
			24. 灰尘及花粉过滤器:更换滤芯(行驶里程较少的车辆建议每12个月更换)			
			25. 空气滤清器:更换滤芯(行驶里程较少的车辆建议每12个月更换)			
			26. 活动天窗:检查功能清洁导轨涂覆专用油脂			
			27. 车门限位器、固定销、门锁、发动机舱盖/行李舱盖铰链和锁扣:检查功能并润滑			
			28. 散热电子风扇线束连接插座:检查			
			29. 手动变速箱/制动变速箱/传动轴护套:检查有无渗透和损坏,连接是否牢固			
其他维护项目			30. 发动机燃烧室和进气道:用内窥镜检查积炭情况(首次25000km,之后每30000km),必要时请使用上海大众专用汽油清洁剂			
			31. 火花塞:更换(首次25000km,之后每30000km)			
			32. 楔形皮带:检查(首次25000km,之后每30000km),必要时更换(首次115000km,之后每120000km)			
			33. 齿形皮带张紧轮:检查(首次55000km,之后每30000km),必要时更换(首次115000km,之后每120000km)			
			34. 活动天窗排水功能:检查(首次25000km,之后每30000km),必要时清洁			
			35. 制动盘及制动摩擦片:检查厚度及磨损情况(首次25000km,之后每30000km),必要时更换			
			36. 手动变速器:检查变速箱齿轮油液位(首次55000km,之后每60000km),必要时充足或更换			

续上表

维护类型	维护内容	维护检查情况		
		正常	不正常	已调整
其他维护项目	37. 制动变速器:检查变速器 ATF 油液位(首次 55000km,之后每 60000km),必要时充足或更换			
	38. 燃油滤清器:更换(首次 55000km,之后每 60000km)			
	39. 尾气排放:检测(首次 25000km,之后每 30000km)			
特殊项目	40. 制动液:更换(每 24 个月或每 50000km,以先到者为准)			

说明:(1)本表的维护内容适用于上海大众生产的帕萨特 2.0/1.8T/2.8V6 车型。维护项目需根据车型的不同配置进行选择。

(2)本表的维护内容和周期是根据汽车在正常行驶情况下制定的。对于使用条件比较恶劣的车辆,特别是经常停车/起动以及常在低温情况下使用的车辆,应经常检查机油液面,并建议每 5000km 更换机油和机油滤清器。

(3)在灰尘较大环境里行驶的车辆,应缩短空气滤清器和空调系统花粉过滤器的维护间隔(如每 5000km 更换)。注:花粉过滤器滤芯脏污将影响空调制冷效果,空气滤清器滤芯脏污可能导致涡轮增压器损坏,请注意检查并及时更换。

(4)每次维护时请在表格上方的里程表相应的空白位置内作好标记。

(5)本表内容将根据车辆技术状态变化进行调整,请以最新版本为准

接/交车单   表 2-4

一汽-大众 FAW-VOLKSWAGEN   接/交车单

基本信息及需求确认	车牌号		车型		接车时间		
	客户姓名		客户联系电话		方便联系时间		
	客户陈述及要求:				是否预约	是□	否□
					是否需要预检	是□	否□
					是否需要路试	是□	否□
					贵重物品提醒	是□	否□
					是否洗车	是□	否□
					是否保留旧件	是□	否□
					如保留旧件,放置位置:		
	服务顾问建议:						
	预估维修项目(包括客户描述及经销商检测结果):			预估维修费用及时间(备件、工时等):			
				预估交车时间:			
	注意:因车辆维修需要,有可能涉及路试,如在路试中发生交通事故,按保险公司对交通事故处理方法处理。						

21

	检查项目	接车确认	备注(如异常,请注明原因)	接车里程数:_____千米
接车检查	车辆主副及应急钥匙	正常□ 异常□		油表位置:
	内饰	正常□ 异常□		0 1/2 1
	电子指示系统	正常□ 异常□		外观确认[含轮胎、轮毂(盖)、玻璃等,如有问题,画圆圈标注在车辆相应位置]:
	刮水器功能	正常□ 异常□		
	天窗	正常□ 异常□		
	音响	正常□ 异常□		
	空调	正常□ 异常□		
	点烟器	正常□ 异常□		
	座椅及安全带	正常□ 异常□		
	后视镜	正常□ 异常□		
	玻璃升降	正常□ 异常□		
	天线	正常□ 异常□		
	备胎	正常□ 异常□		
	随车工具	正常□ 异常□		

服务顾问签名: | 客户签名:

	检查项目	交车检查(是否与接车状态时相同)	备注(如与接车状态不同,请注明原因)	检查项目	交车检查	备注(如检查内容不合格,请注明原因)
交车检查	车辆主副及应急钥匙	是□ 否□		客户陈述及要求已完全处理	是□ 否□	
	内饰	是□ 否□		维修项目已全部完成	是□ 否□	
	电子指示系统	是□ 否□		客户车辆主要设置恢复原状	是□ 否□	
	刮水器功能	是□ 否□		实际费用与预估基本一致	是□ 否□	
	天窗	是□ 否□		实际时间与预估基本一致	是□ 否□	
	音响	是□ 否□		洗车质量符号标准要求	是□ 否□	
	空调	是□ 否□		旧件已按客户要求处理	是□ 否□	
	点烟器	是□ 否□		告知客户回访时间和方式	是□ 否□	

	检查项目	交车检查(是否与接车状态时相同)	备注(如与接车状态不同,请注明原因)	检查项目	交车检查	备注(如检查内容不合格,请注明原因)
交车检查	座椅及安全带	是□　否□		提醒下次维护里程/时间	是□　否□	
	后视镜	是□　否□		推荐预约并告知预约电话	是□　否□	
	玻璃升降	是□　否□		提醒24小时服务热线	是□　否□	
	天线	是□　否□		告知客户回访时间和方式	是□　否□	
	备胎	是□　否□		实际交车时间		
	随车工具	是□　否□		服务顾问签名:		
整体评价	客户整体评价(请帮忙在下述相应表格中打"√")					客户签字
	非常满意□	满意□	一般□	不满意□	非常不满意□	

(四)完工

(1)做好承修车辆内外及本工位的卫生,特别注意因维修过程中造成的卫生问题。

(2)主修人员依据《派工单》的维修项目和维修合格标准进行自检。

(3)主修人员自检后由班组长进行完工检验(视情况而定)。

(4)检验完毕在《派工单》和《接车单》随车联上签名,及时将《派工单》送至仓库并在仓库的《领料单》描述出维修项目和工时费(所承修车辆为最后一道工序的应将《接车单》随车联和《派工单》《材料结算单》和车钥匙一起送到前台)。

(五)前台

(1)接车人员将《接车单》送至前台后应及时将客户资料、维修项目和承修班组输入到"一般维修"栏目内。

(2)整车完工后应马上进行结算,打出单据,尽量做到让客户等待时间不超过3min。

(3)结算完毕将客户资料入档。

思考与练习

一、填空题

1.当代汽车维护分类标准一般按照＿＿＿＿＿、＿＿＿＿＿来进行分类,两者以先到者为准。

2.检查作业是汽车维护的重要工作之一,通过对汽车各部位的检查,以确定零件的

_____和_____情况。

3.维护作业以清洁、检查、_____、_____、_____和补给等六大作业为主,维护范围随着行驶里程和时间增加逐步扩大,内容逐步加深。

4.A类定期维护项目所必需的耗材有_____、_____、_____。

5.车辆进行B类定期维护项目的操作时,首先必须执行全部_____项目的内容。

6.在进行二人维护操作前,请安装维护_____和_____,即驾驶员座椅套、转向盘套、变速杆套、驻车制动器套、脚垫;左右翼子板保护垫、前格栅护垫。

7.汽车气囊和预紧式安全带在使用_____年后必须进行更换。

8.汽车维护的操作内容主要分为首次维护、_____、_____和其他类型的操作四种。

二、判断题

1.汽车维护的目的就是保持车辆技术状况良好,确保行车安全,充分发挥汽车的使用效能并降低运行消耗,以取得良好的经济效益、社会效益和环境效益。　　　　（　　）

2.定期检测是指汽车在二级维护前必须用检测仪器或设备对汽车的主要性能和技术状况进行检测诊断。　　　　（　　）

3.强制维护是在定期维护的前提下所进行的维护制度。　　　　（　　）

4.强制维护是指汽车维护工作必须遵照交通运输管理部门或汽车使用说明书规定的行驶里程或时间间隔,按期进行,不得任意拖延,以体现强制性的维护原则。　　　　（　　）

5.定期维护是用户车辆出现故障时,定期到修理厂对车辆进行维修。　　　　（　　）

三、简答题

1.简述汽车首次维护需要检查的项目。

2.简述车辆维护中非正常使用条件。

项目三　车辆主要维护设备的使用

学习目标

完成本项目学习后,你应能:

　　1. 熟练使用举升机并能说出其注意事项;

　　2. 熟练使用车辆防护用具;

　　3. 正确操作剥胎机并能说出其注意事项;

　　4. 正确使用托架。

建议学时

　　6 学时。

　　汽车维修设备行业的发展经历了一个漫长的发展过程,由于汽车发明于工业革命时期,经济发达的国家率先开始大量使用和普及汽车。汽车的大量使用就面临维修的问题。最初,人们维修汽车都是靠双手和简单的工具,而这些简单的设备和工具,也是由汽车制造厂或零配件企业所生产。随着汽车保有量的提升,汽车维修设备产生了巨大的商机,发达国家如德国、美国、意大利、英国等汽车维修设备企业开始诞生,专业的设计师开始设计和提供一些专业的汽车维修设备供修理厂使用,第一台剥胎机、动平衡仪、四轮定位仪、举升机开始诞生。随着汽车电控系统的大量使用,人们后来又发明了汽车解码器。本项目主要介绍举升机和剥胎机的使用及其他如车辆防护用具、托架的使用。

一、举升机的使用

　　汽车举升机是指汽车维修行业用于汽车举升的汽保设备。举升机在汽车维修中发挥着至关重要的作用,其产品性质、质量好坏直接影响维修人员的人身安全。举升机的类型主要有双柱举升机和剪式举升机,如图 3-1、图 3-2 所示。

图 3-1　双柱举升机

图 3-2　剪式举升机

(一)双柱举升机

1.操作使用要求

(1)举升臂应尽量缩到最小长度,举升胶垫应放在车辆推荐举升部位下面的中部,并调节举升胶垫以便均匀接触。

(2)先将举升臂升至举升胶垫完全接触车辆,检查是否已牢固负载。

(3)缓慢将车辆从地面升起确保平衡负载,再举升至所需工作高度。

(4)放开上升按钮,将车辆降低至安全保险位置,即可进行维修工作。

(5)放下车辆前应先举升车辆,将安全保险打开,再按下降按钮使车辆缓慢下降至举升臂放至最低为止,移开举升臂,驶出车辆。

2.支撑点

车辆支撑点应找到车辆的大梁或者钢板加强点。支撑点寻找如图3-3~图3-5所示。

图3-3 支撑部位

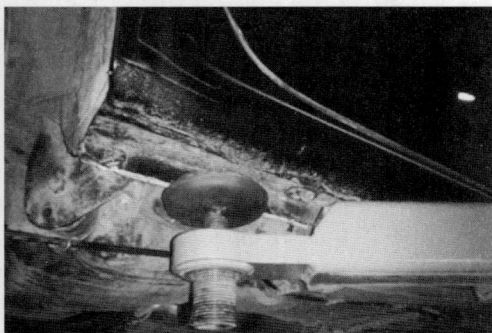

图3-4 支撑垫块

图3-5 支撑垫块支撑点

3.维护要求

每月进行:

(1)检查并重新拧紧地脚螺钉。

(2)用喷雾润滑剂润滑链条/缆索。

(3)检查所有的链条、连接器、螺栓和销,确保可靠牢固。

(4)目测检查所有的液压油管路可能出现的磨损情况。

(5)检查立柱内侧的滑块运动是否正确润滑,及时补充高质量的重润滑油脂。

(6)所有的地脚螺钉都应该完全拧紧。如果有螺钉因故不起作用,举升机不应使用,直至重新更换螺栓为止。

每6个月进行:

(1)对所有运动部件可能发生的磨损进行目测检查。

(2)检查所有滑轮的润滑情况。如果滑轮在升降期间出现拖动现象,则要对轮轴添加适量润滑油。

(3)检查并调节平衡缆索的张力,以确保举升机的水平升降。

（4）检查柱体的垂直度。

注意：各个立柱内角应用重润滑油润滑，以便将滑块的摩擦减少到最低限度，以保证举升机的平滑、均匀提升。

4. 双柱举升机安全操作注意事项

（1）严格按使用要求定期检查、维护好举升机，确保其始终处于良好状态。

（2）举升的车辆不得超过举升机的额定举升质量。

（3）举升和下降过程中严禁车下有人或起动发动机。

（4）举升和下降前举升机两侧各站一人，确认安全后方可操作设备。

（5）举升车辆时，将托臂放到被举车辆合适位置后，再分别转动4只橡胶托盘，使4只托盘距车身位置相等，再按上升按钮，当车轮离地面10cm左右时，应检查托盘位置，并晃动一下车辆，检查是否牢靠，确保安全后，方可继续举升。

（6）将车辆举升到合适位置后，确保上好保险后方可进入车下作业。

（7）如非需要，被举车辆内严禁坐人，举升臂上严禁站人。

（8）设备使用完毕后，托臂按规定位置摆放整齐，并认真做好设备及场地的清洁工作。

（二）剪式举升机

1. 使用方法及注意事项

（1）工作前，排除机器周围和下方的障碍物。

（2）升降时，举升机规定区域和机器上下方以及平台上的车辆内不能有人。

（3）不能举升超过本机举升能力范围的车辆或其他货物。

（4）举升时，应在车辆底盘下方垫上胶垫，如图3-6所示。

（5）升降过程中随时观察举升机平台是否同步，发现异常，及时停机，检查并排除故障后方能投入使用。

（6）下降操作时，先将举升平台上升一点，注意观察两保险爪与保险齿间是否完全脱开，否则停止下降。

（7）机器长期不用或过夜时，平台应降到最低位位置，并开走车辆，切断电源。

2. 剪式举升机的维护

（1）应由经培训的操作人员作业。

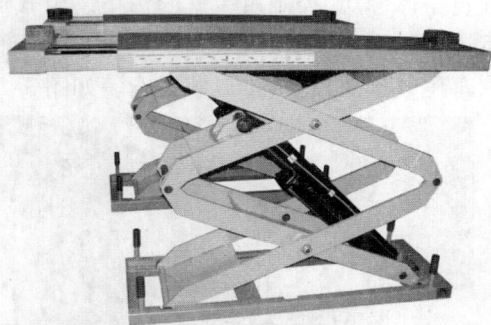

图3-6 剪式举升机使用时车辆底盘下方垫上胶垫

（2）举升机所有支铰轴处，每周用机油壶加机油一次。

（3）保险齿条及上下滑块等移动部位，每月加一次润滑脂。

（4）每年更换一次液压油，油位应长期保持上限。

二、车辆防护用具的使用

车辆在维修、检查、定位等过程中，工作人员可能会接触车身。为保护车内清洁，在维修技术人员进入车内时，避免破坏车内清洁卫生，必须对车辆内部铺设五件套。同时，为避免车辆外部漆面受损，在维修检查的过程中必须对车辆外部铺设三件套。

(一)三件套和五件套的使用

三件套:左右翼子板护垫、前格栅护垫,如图3-7所示。
五件套:转向盘套、座椅套、脚垫、驻车制动器套、变速杆套,如图3-8所示。

图3-7　室外三件套

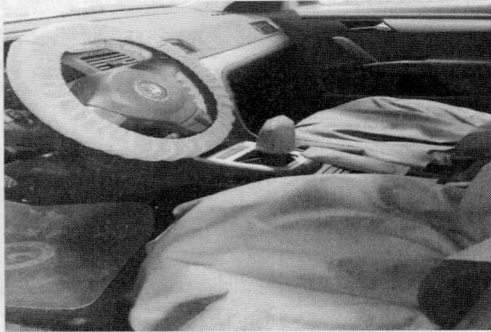

图3-8　室内五件套

(二)尾气排放装置的使用

1.尾气排放装置的作用

为保持良好的室内空气质量,保证员工的身体健康,车间都配备尾气排放装置,如图3-9所示。

汽车尾气抽排系统就是将汽车排气系统接管接至汽车排气管,对车辆维修过程中产生的废气统一收集并过滤净化处理后排放到室外,有效降低汽车尾气颗粒物与异味,保护操作人员身体健康,控制对大气的污染。废气通过排气管到达耐高温橡胶吸嘴再到达铝合金主管道,然后经过抽风机来到PVC管,最后经环保处理柜(含过滤棉、活性炭)通过抽风机实现汽车尾气排放,尾气排放装置安装如图3-10所示。

图3-9　车间配备尾气排放装置

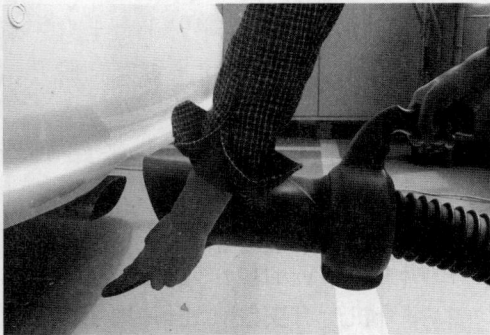

图3-10　尾气排放装置安装

2.尾气排放装置安装的注意事项

(1)首选靠出口吸力强劲的尾排口。
(2)着车时间超过5min的必须接上尾排口。
(3)使用中确认排放是否达到应有的效果。
(4)使用完毕,及时放回原来位置。

三、剥胎机的使用

（一）剥胎机基础知识

1. 剥胎机的用途及分类

（1）用途。

剥胎机，也叫轮胎拆装机，其作用是使汽车维修过程中能更方便顺利地拆卸轮胎。

（2）分类。

按照动力类型可分为气动式剥胎机、液动式剥胎机。

按照使用类型可分为摩托车专用剥胎机、轿车专用剥胎机、货车专用剥胎机、工程车专用剥胎机。

2. 剥胎机结构及其组成

剥胎机外观，如图3-11所示，其基本的组成包括：主机工作台、拆胎臂、压胎铲、滚轮、调节螺钉、撬棍、胎压表、气压接入口、操作踏板以及润滑剂罐等，具体组成结构如图3-12所示。

图3-11　剥胎机外观

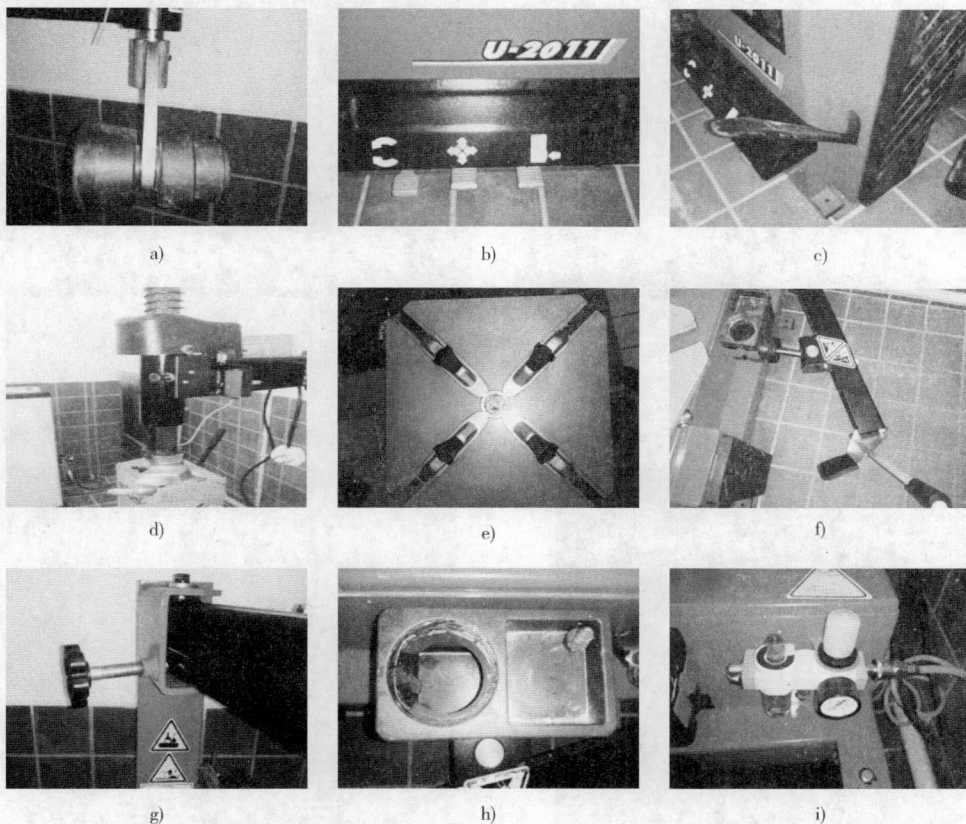

图3-12　剥胎机各组成部件

a)滚轮；b)操作踏板；c)撬棍；d)剥胎臂；e)主机工作台；f)压胎铲；g)调节螺钉；h)润滑剂罐；i)气压接入口

各个部件在轮胎拆卸过程中所起作用如下:

(1)主机工作台:轮胎主要是在这个台上被拆的,主要起到放置轮胎,旋转等作用。

(2)拆胎臂:使轮胎与轮辋分离或者啮合。

(3)压胎铲:压迫剥胎机一侧,使轮胎脱离轮辋凸肩。

(4)滚轮:压迫轮胎边缘,使轮胎处于平衡位置,更易剥离或者安装。

(5)操作踏板:操作工作台,控制剥胎与安装过程。

(6)调节螺钉:调节剥胎臂与轮辋的间隙。

(7)撬棍:撬装轮胎胎壁。

(8)气压接入口:连接高压气体,驱动剥胎机。

(二)轮胎的拆卸及注意事项

1.轮胎的拆卸

(1)准备工作。在使用剥胎机对轮胎进行拆卸前,首先应该做好轮胎拆装的准备工作,主要包括三个方面:设备准备、轮胎准备及工具场地准备。

①设备准备:如图 3-13 所示,连接好剥胎机的电源及气源,并确保剥胎机处于固定状态。

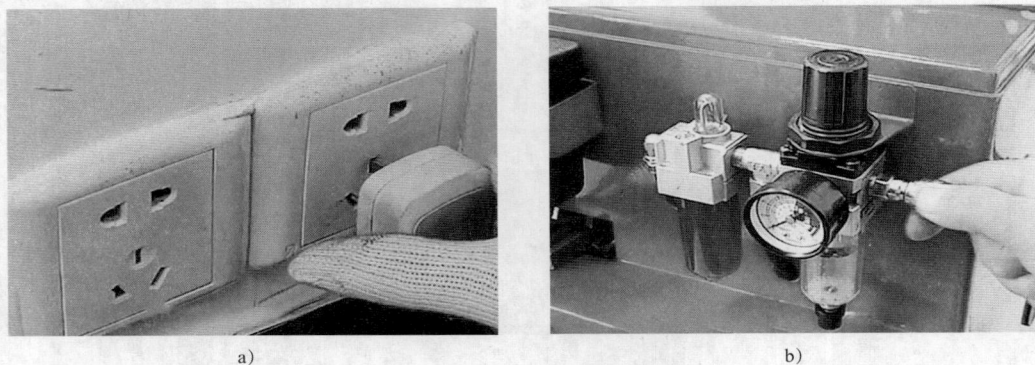

a)   b)

图 3-13　连接电源和气源

a)连接电源;b)连接气源

②轮胎准备:如图 3-14 所示,拆下气门芯,将轮胎完全放气,同时拆下轮胎上的平衡块。

图 3-14　拆下气门芯、工具

③工具场地准备：如图 3-15 所示，清洁场地并准备胎压表、润滑液及刷子等工具。

图 3-15　工具场地准备

（2）如图 3-16 所示，用压胎铲压迫轮胎使之与轮圈凸肩分离，压迫时压胎铲与轮毂边缘距离 1cm 左右，以防止压胎铲压迫到轮毂。

（3）如图 3-17 所示，将轮胎放在工作台上撑牢（或卡紧），调整好拆装头与轮胎之间的位置后，锁紧轮毂。操作时切忌把手放置到卡爪与轮毂之间，以防夹伤手指。

图 3-16　压胎铲使用

图 3-17　卡紧轮胎

（4）如图 3-18 所示，使用滚轮压迫轮胎边缘，露出轮毂边缘，转动工作台，在轮胎及钢圈边缘涂润滑剂（肥皂水也可）。

图 3-18　分离轮胎

（5）如图 3-19 所示，首先锁紧拆胎头位置并调节定位螺钉将摇臂定位，之后用撬棍将轮胎边缘撬到拆装头上，滚轮压迫相对一侧轮胎，撬棍不必抽出。这时使工作台顺时针旋转，即可拆下轮胎。用同样的方法可将另一侧轮胎拆下。

a)

b)

把轮胎抬起

c)

转动圆盘，将胎拆下

d)

将组合式压胎块分离为托胎装置，将胎抬起
到钢圈直径最小位置，再拆下端轮胎口

e)

将组合式压胎块分离为托胎装置将胎抬起，
到钢圈直径最小位置，再拆下端轮胎口

f)

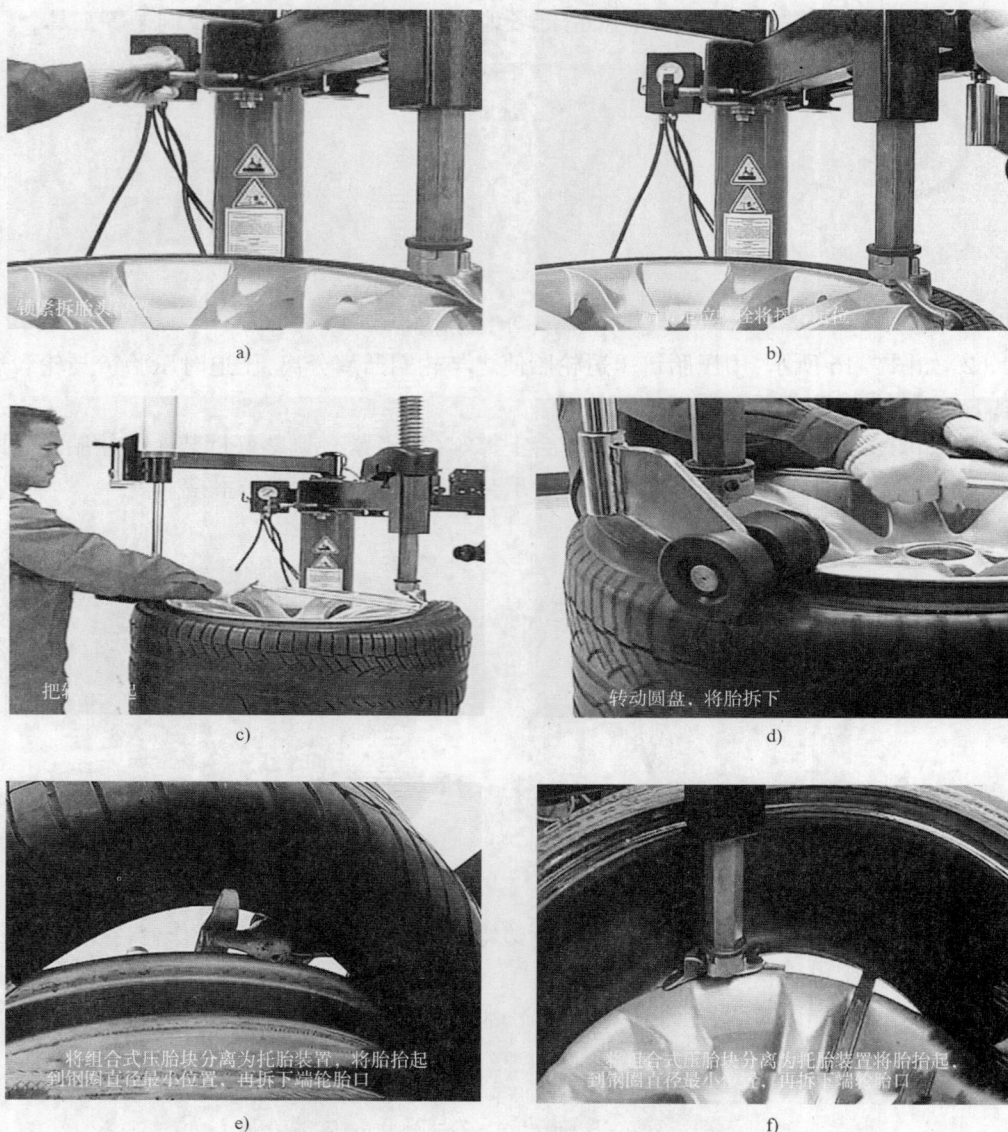

图 3-19　拆卸轮胎

2. 拆卸注意事项

在进行轮胎拆卸时，由于轮胎与轮毂结合比较紧密，需要使用气动式剥胎机。拆卸过程中，需要按照操作规范及要求进行操作，以防止在轮胎拆卸过程中造成人员受伤、设备损坏，具体的拆卸注意事项如下：

（1）如图 3-20 所示，使用前应清除剥胎机上及附近妨碍作业的器具及杂物，并检查机器各部是否正常。

（2）拆卸轮胎时先将轮胎内的气完全放净，去掉钢圈上的所有平衡块。

（3）如图 3-21 所示，拆胎前，将轮胎放到轮胎挤压位置，反复转动轮胎并操作滚轮使轮胎和钢圈彻底分离，挤压过程中应防止手、脚伸入挤压臂内。

图 3-20　拆卸注意事项(一)

图 3-21　拆卸注意事项(二)

（4）如图 3-22 所示，轮胎搬上拆装台时应避免磕碰设备，踩下踏板锁住钢圈前，应确认卡盘和钢圈之间没有异物，不允许用手指探查钢圈是否放正。

（5）拆装轮胎过程中，用撬棍将轮胎边挑到拆胎头上时，应注意撬棍的用力方向和力度，绝不允许将手深入撬开的缝隙中。轮胎边挑上拆胎头，取出撬棍后，才能踩下踏板使卡盘旋转，将轮胎扒出钢圈。

（6）轮胎充气前应首先确认轮胎气压表是否正常，充气时一定要注意安全，要注意观察压力表，以免轮胎过压造成人员受伤。

（7）每天工作结束时必须对机体及周边进行清洁，对转动部位注油润滑。

图 3-22　拆卸注意事项(三)

(三) 轮胎的安装及注意事项

1. 轮胎的安装

（1）如图 3-23 所示，清洁轮胎内侧边缘及轮毂边缘，并涂抹润滑脂或肥皂水等润滑液。

（2）如图 3-24 所示，用拆胎的方法将钢圈固定在卡盘上，确定轮胎位置（DOT）朝上，再移动拆胎臂压住轮胎边缘踩下踏板，逐渐将轮胎压入钢圈内。

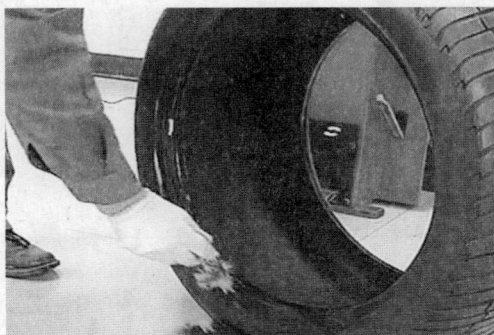
图 3-23　清洁润滑

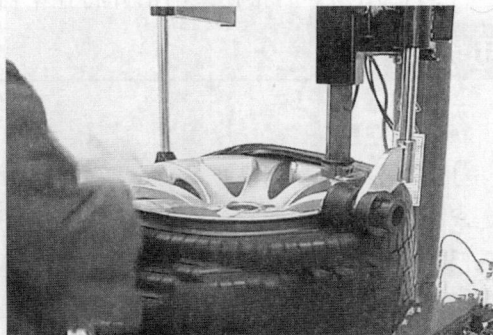
图 3-24　安装轮胎

（3）如图 3-25 所示，用同样的方法将上侧轮胎压入钢圈，完成轮胎安装并对轮胎进行充气。

图 3-25　轮胎充气

2. 安装注意事项

在进行轮胎安装时,需要将轮胎压入轮毂之中,需要使用气动式剥胎机。安装过程中,需要按照操作规范及要求进行操作,以防止在轮胎安装过程中造成轮胎、设备的损坏以及人员安全事故,具体的安装注意事项如下:

(1)安装轮胎前应用毛刷在轮胎内圈抹好润滑液,禁止使用矿物油作润滑液。

(2)轮胎充气前应首先确认轮胎气压表是否正常,同时查询该车型正确的轮胎充气气压,充气时一定要注意安全,要注意观察压力表,以免轮胎过压造成人员伤害。

(3)每天工作结束时必须对机体及周边进行清洁,对转动部位注油润滑。

(4)轮胎充气时一定要注意安全。

(5)要注意观察压力表,以免轮胎跳起,造成人员受伤。

(6)必要时可以安装安全带。

四、托架的使用

托架主要用于拆装某些大型零部件,比如拆装变速器、更换离合器片等操作。

(一)托架的结构

托架结构如图 3-26 所示。

(二)托架的使用注意事项

(1)使用前应检查托架是否有液压油泄漏,外观是否有破损现象,确认没问题后再使用。

(2)使用托架时尽量对准托架盘中央以防止零件掉落,必须时可以垫毛巾或其他东西。

图 3-26　托架结构

(3)使用完毕后将托架清洁并将托架盘降至低点。

思考与练习

一、填空题

1. 车辆维修常用举升机的类型有_____和_____。

2. 室内五件套是_____、_____、_____、_____和_____。

3. 室外三件套是_____、_____、_____。

4. 举升车辆时,将托臂放到被举车辆_____后,再分别转动 4 只橡胶托盘,使 4 只托盘距车身位置_____,再按上升按钮,当车轮离地面 10cm 左右时,应检查托盘位置,并晃动一下车辆,检查是否牢靠,确保安全后,方可_____。

5. 将车辆举升到合适位置后,确保上好_____后方可进入车下作业。

6.举升和下降过程中严禁车下_____。

7.按照动力形式,剥胎机的类型可以分为_____和_____。

8.安装新轮胎时,轮胎壁上的 DOT 标志应该朝_____。

二、判断题

1.一般轮胎的使用极限是两年或 6 万 km,达到时需更换新轮胎。 (　　)

2.车辆支撑点应找到车辆的大梁或者钢板加强点。 (　　)

3.用举升机举升车辆时,垫入胶垫即可一次性举升车辆。 (　　)

4.对每一辆车进行维修时都必须铺设三件套和五件套。 (　　)

5.剥胎机按照动力类型可分为气动式和液动式。 (　　)

三、简答题

1.尾气排放装置安装注意事项有哪些?

2.简述举升机的操作流程。

3.简述剥胎机的使用操作流程。

项目四　车辆主要检测诊断设备的使用

学习目标

完成本项目学习后,你应能:

1. 准确描述诊断仪的作用;
2. 准确描述 VAS 系列诊断仪的结构、安装过程和连接工作;
3. 能独立使用自诊断功能完成车辆诊断;
4. 准确描述四轮定位仪的作用;
5. 准确描述四轮定位仪的结构及操作前的准备工作;
6. 正确使用四轮定位仪;
7. 准确描述动平衡仪的作用;
8. 准确描述动平衡仪的结构;
9. 正确使用动平衡仪;
10. 对动平衡仪的检测结果进行分析。

建议学时

6 学时。

随着汽车工业的不断发展,汽车技术越来越趋向于电子化和智能化,在汽车维修过程中需要依赖一些检测和诊断设备。本项目主要介绍诊断仪、四轮定位仪和动平衡仪的使用及注意事项,其中诊断仪以一汽-大众 VAS 6150 为例进行介绍。

一、诊断仪

(一) 诊断仪的作用

目前,诊断仪主要的作用有:

(1)当汽车电气控制系统出现问题时,可查找车辆电气设备存在的故障。

(2)通过诊断仪,可查看和打印车辆的电路图。

(3)在车辆运行时,提供车辆的运行参数。

(4)在控制系统软件更换或升级时,对车辆装备的控制模块进行编程。

(5)在控制模块更换时,对新的控制模块进行编码和匹配。

(6)可利用互联网技术进行远程诊断工作。

(二) 一汽-大众 VAS 6150 系列诊断仪的结构组成

一汽-大众 VAS 6150 系列诊断仪的结构组成,如图 4-1 所示。

图 4-1　诊断仪的结构组成

1-VAS 6150 主机;2-VAS 6150 电源底座及扩展端口;3-VAS 6150 电源适配器;4-VAS 6150 电源适配器电缆;5-无线诊断收发器 VAS 5054;6-VAS 5054 的 USB 连接线;7-适应于 Windows XP 和 Windows 7 系统的 CD;8-纸质文件(Panasonic 操作手册、初始操作、拆封指南、文档说明、恢复指南、电源底座操作手册)

(三) VAS 6150 系列诊断软件的安装过程

1. 安装流程

VAS 6150 系列诊断软件安装流程如图 4-2 所示。

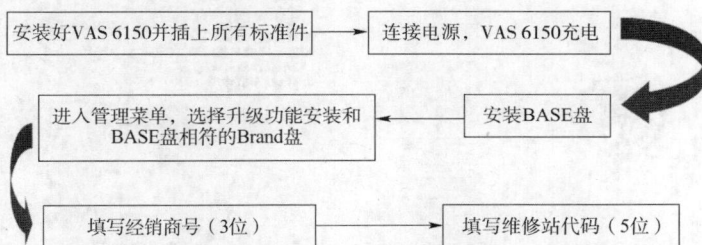

图 4-2　诊断软件的安装流程

(1)安装好 VAS 6150 的电池等附件,并放置在电源底座上。

(2)连接稳定的电源为 VAS 6150 充电,在安装过程中不允许断电。

(3)将 BASE 光盘装入光驱进行安装。

(4)将 Brand 盘放入光驱,进入诊断仪开始界面右下方的管理菜单,选择升级功能进行安装。

(5)按安装提示输入经销商编号和维修站代码。

2. 诊断软件显示图标

当诊断软件正确安装完成后会在 VAS 6150 主机显示界面生成软件图标,如图 4-3 所示。

(四) 诊断仪的连接

诊断仪的连接,如图 4-4 所示。

诊断无线收发器

VAS 6150

车辆诊断接口

图 4-3　诊断软件图标　　　　　　　　　　　　　图 4-4　诊断仪的连接

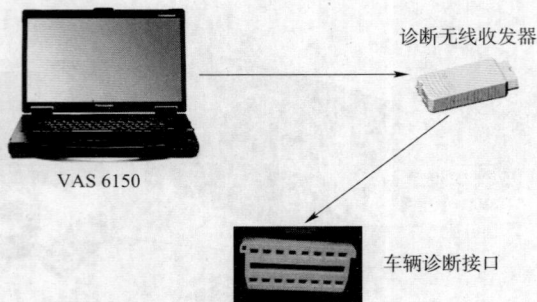

（1）关闭点火开关,将诊断无线收发器连接到车辆诊断接口。

（2）打开点火开关,进入 VAS-PC 诊断系统。

（3）诊断无线收发器可以用 USB 数据线和 VAS 6150 主机进行连接,也可以开启主机的蓝牙功能进行无线连接,在第一次无线连接时需要做蓝牙匹配。

（五）一汽-大众 VAS 6150 的诊断功能

1. 自诊断功能

（1）双击诊断软件图标![],进入诊断系统。初始界面如图 4-5 所示。

（2）双击初始界面右侧的"车辆自诊断"按钮,进入自诊断功能,如图 4-6 所示。

图 4-5　诊断系统初始界面

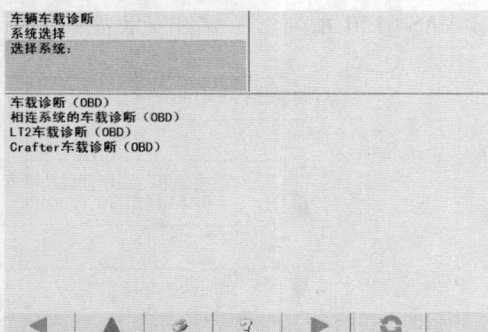

图 4-6　自诊断界面

（3）双击"车辆车载诊断"选项,进入诊断功能,如图 4-7 所示。

（4）双击"发动机电控系统"选项,进入发动机系统,如图 4-8 所示。

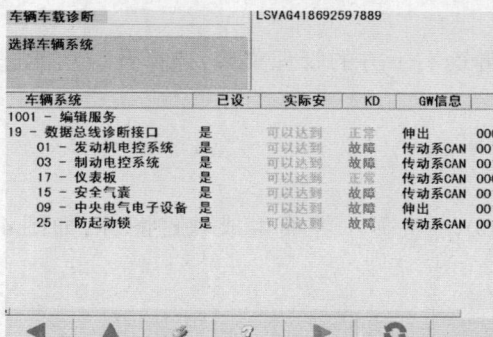

图 4-7　车载诊断

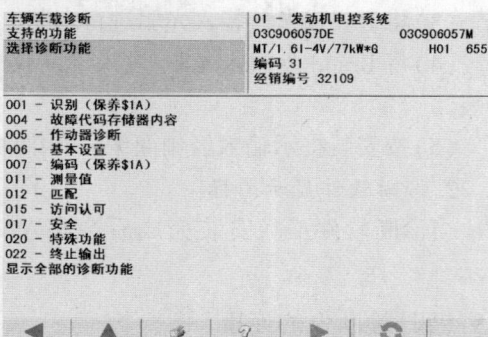

图 4-8　发动机电控系统诊断功能

(5)双击"故障代码存储器内容"选项,进入故障代码查询和清除功能,如图4-9所示。

(6)双击"查询故障存储器"选项,查询系统故障代码,如图4-10所示。

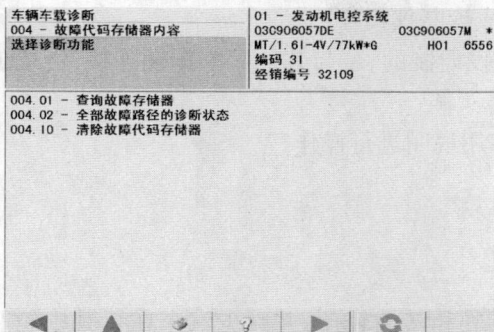

图4-9　故障代码查询和清除功能

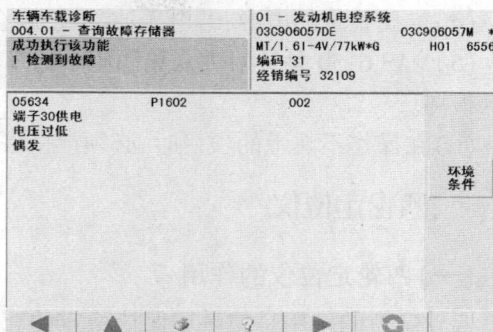

图4-10　查询故障代码

(7)双击"清除故障代码存储器"选项,清除故障代码,如图4-11所示。

(8)故障代码成功清除(图4-12)。

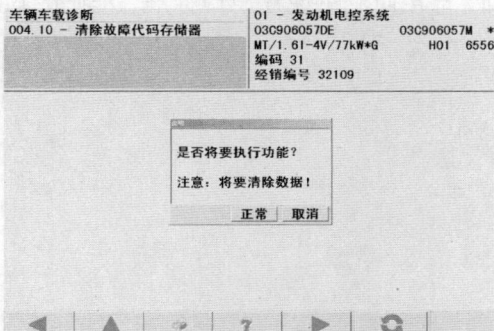

图4-11　清除故障代码

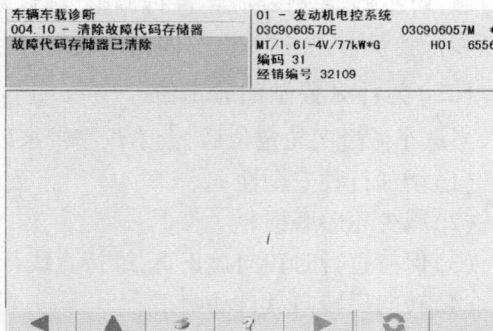

图4-12　故障代码清除

(9)双击图4-12中的"测量值"选项,读取测量值,如图4-13所示。

(10)在界面右侧的数字键盘里填入数据组号,读取相关测量值,如图4-14所示。

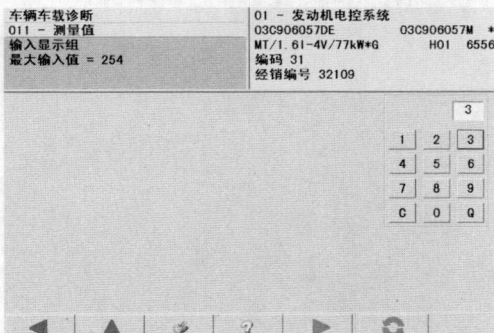

图4-13　读取测量值(一)

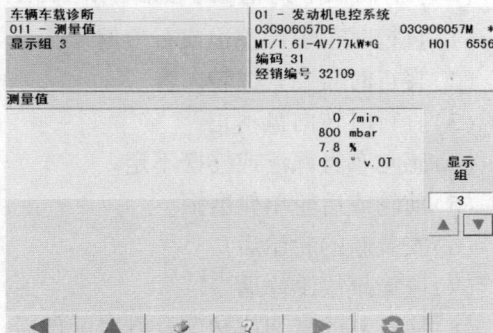

图4-14　读取测量值(二)

(六)诊断仪的使用注意事项

(1)不使用诊断仪时,需要将电源关闭。

（2）禁止在燃油系统或其他易燃物体附近使用诊断仪，否则，会引起火灾。

（3）如果在发动机附近工作，需要保证通风良好。

（4）需要稳定的电源，若电压波动过大，会造成诊断仪损坏。

（5）VAS 6150 是针对大众集团旗下的车辆开发研制的，若与其他厂家车辆连接，会造成车辆损坏。

（6）在操作不熟悉的项目时，必须严格按照使用说明进行操作。

二、四轮定位仪

(一) 四轮定位仪的作用

四轮定位的作用是使汽车保持稳定的直线行驶和转向轻便，并减少汽车在行驶中轮胎和转向机构的磨损，从而保证汽车行驶的安全性、舒适性、稳定性和经济性。

四轮定位就是检测汽车车架、悬架构件、车轮三者之间及 4 个车轮之间，在 x,y,z 轴方向的角度位置关系。通过专用的仪器对车辆进行精确的测量后，根据测量结果及原厂设计标准对照，对车辆综合诊断后，进行调整、维修等作业，旨在使汽车恢复原厂标准，达到最佳的操纵和行驶状态，统称为汽车四轮定位。

(二) 为什么要做四轮定位

当汽车做过四轮定位后，会给汽车带来以下好处：

（1）增加行驶安全性。

（2）减少轮胎磨损。

（3）保持直行时转向盘正直，维持直线行车。

（4）转向后转向盘自动归正。

（5）增加驾驶控制感。

（6）减少燃料消耗。

（7）减低悬架部件耗损。

(三) 车辆在下列情况下需要做四轮定位

（1）直行时车子往左边或右边偏。

（2）直行时需要紧握转向盘。

（3）直行时转向盘不正。

（4）感觉车身飘浮或摇摆不定。

（5）前轮或后轮单轮磨损。

（6）安装新的轮胎后。

（7）碰撞事故维修后。

（8）换装新的悬架或转向及有关配件后。

（9）新车驾驶 3000km 后。

(四) 四轮定位仪介绍及操作方法

四轮定位仪及四轮定位举升机，如图 4-15 所示。

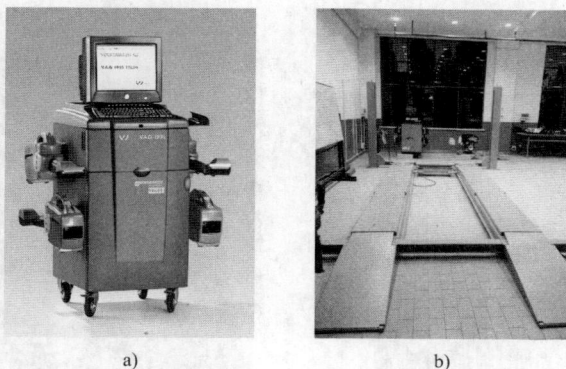

图 4-15　四轮定位仪及四轮定位举升机
a)四轮定位仪;b)四轮定位举升机

1. 准备工作

(1)举升机检查。检查举升机的转角盘(图 4-16)、侧滑板是否转动或者滑动灵活,并锁定转角盘及侧滑板。

(2)车子上举升机后的检查。车身要正,转向盘要在中立位置,车轮中心平面与转角盘零刻度线要尽量垂直,用力弹压车身前部和后部,要使车轮处于自由状态。

(3)轮胎检查。检查左右车轮轮胎气压是否均衡,气压在 $2 \sim 2.5 kg/cm^2$ 范围内正常;左右轮胎胎纹是否一致、胎纹的磨损程度是否一致。

(4)汽车底盘检查。升起车辆检查前轮各球头的间隙,检查横拉杆胶套是否磨损,按"目视检测"项目逐项检查(底座及其部件、悬架装置和轮轴、转向系统、车轮和车胎)。

图 4-16　转角盘

(5)安装夹具。安装夹具时要将夹具调整手柄向上,尽量垂直于水平面安装,夹具 4 个爪定位平面要和轮辋外缘靠紧,须保证夹具爪定位面与轮辋边缘贴紧夹牢。

(6)安装测量头。把测量头装在夹具上时,测量头与夹具之间要靠紧,不允许有间隙,测量头要按测量头上所贴的标牌位置准确安装,拧紧夹具上的测量头固定螺钉,开启各测量头电源,使各测量头处于工作状态。

2. 进入检测程序操作

(1)输入客户信息。输入车主、车辆的相关信息。

(2)输入车辆信息。选择所要检测的车辆的生产地、厂商和型号。

(3)输入维修站信息。

3. 偏位补偿

只有完成钢圈偏位补偿(图 4-17)的操作才能保证定位测量的精度,因为钢圈存在较明显的失圆或装卡不到位都会带来测量误差;卡具的卡爪存在磨损的情况下会带来测量误差;特殊钢圈,例如边缘呈弧形凸起表面或无沿钢圈,需要配合使用卡爪套管装卡的情况下,会带来测量误差。

图 4-17　偏位补偿(1)

（1）偏位补偿的准备工作。

①拉紧车辆驻车制动器,然后用二次举升机举升车辆前轴,使前轮高出检测平台约 6cm。转动转向盘,使车辆大致处于正前打直方向。

②在偏位补偿过程中请勿转动转向盘。

③松开卡具上用来固定传感器销的紧固螺栓,使传感器能自由转动。在偏位补偿过程中,请保持传感器处于大致水平的状态。

（2）做偏位补偿时车辆举升的顺序。

如果使用的是四柱举升机:

①将自动变速器的车辆挂 P 挡或将手动变速器的车辆挂 1 挡,松开驻车制动器。

②使用二次举升机将车辆后轴抬高至车轮悬空离地 6mm 左右。

③按步骤完成后轴两轮的偏位补偿并计算结果。

④松开后滑板的销子,放下后轴,车轮充分着地。

⑤拉上驻车制动器,将车挂空挡。使用二次举升机将前轴抬高悬空,车轮离地 6mm 左右。

⑥按步骤完成前轴两轮的偏位补偿并计算结果。

⑦取下转角盘的固定销子,放下二次举升机,将车轮缓慢落回到转角盘上。

如果使用的是剪式举升机:

①放松驻车制动器,将车放到空挡。

②使用小剪将车身举起,四轮悬空至少 6mm。

③分别完成前轴和后轴的偏位补偿并计算。

④拉上驻车制动器,拔掉转角盘和后滑板上的销子。

⑤放下二次举升机,将车缓慢放回到举升机平台上。

注意:当车轮放回到举升机平台后,要上下振动前后悬架几次,保证减振器回位。

（3）操作步骤(以四柱举升机为例)。

①转动左后轮,使快速卡具的 3 个卡爪之一指向正上方。参照水平气泡把传感器大致调水平,然后按一下传感器面板上的偏位补偿键,等待偏位补偿灯闪亮[图 4-18a)]。

②偏位补偿灯熄灭之后,屏幕上的左前轮图标会有一块变为绿色,[图4-18b)]按照车轮行驶的方向把车轮大致转动90°。把传感器调成水平状态,再按一下偏位补偿键,等待偏位补偿灯闪亮。

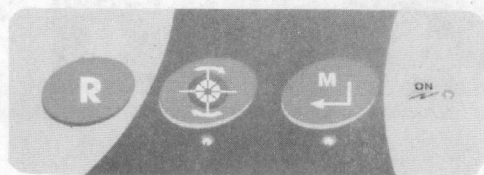

a)　　　　　　　　　　　　　　　　　b)

图4-18　偏位补偿(2)

a)偏位补偿键;b)偏位补偿

③偏位补偿灯熄灭之后,屏幕上的车轮图标会有两块变为绿色[图4-19a)]。按照车轮行驶的方向把车轮再转动90°,此时卡具卡爪转过180°。把传感器调成水平状态,再按一下偏位补偿键,等待偏位补偿灯闪亮。

④偏位补偿灯熄灭之后,屏幕上的车轮图标会有三块变为绿色[图4-19b)]。按照车轮行驶的方向把车轮再转动90°,此时卡具卡爪转过270°。把传感器调成水平状态,再按一下偏位补偿键,等待偏位补偿灯闪亮。

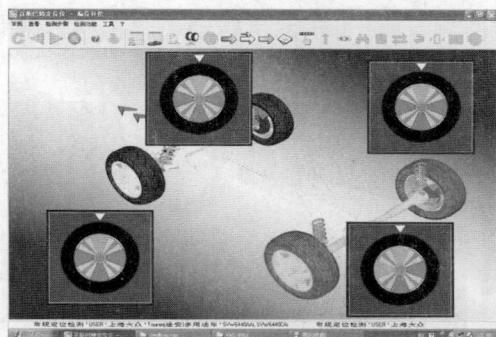

a)　　　　　　　　　　　　　　　　　b)

图4-19　偏位补偿(3)

⑤偏位补偿灯熄灭之后,车轮图标圆环上的四个部分都变成了绿色[图4-20a)]。按照车轮行驶的方向把车轮再转动90°,使卡具卡爪重新回到起始位置,卡爪指向正上方。

⑥把左后传感器调成水平状态,然后拧紧卡具上紧固传感器销的螺栓。按下传感器上的偏位补偿计算键。相应的偏位补偿计算灯会闪亮。

屏幕上左后轮的图标上会出现偏位补偿的最大数值[图4-20b)],并用黄色指针指示出最大偏位补偿量出现的位置。

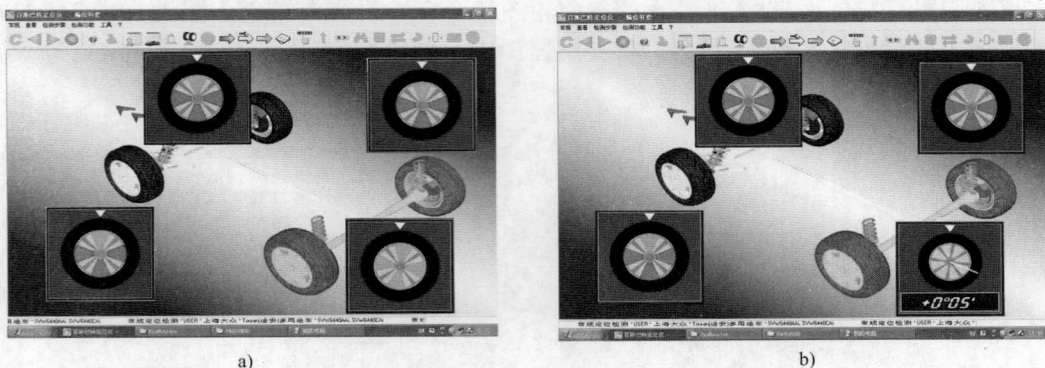

a)   b)

图 4-20   偏位补偿(4)

⑦用同样的方法,对右后轮做偏位补偿。

⑧右后轮偏位补偿完成之后,把左、右后轮恢复到按偏位补偿计算键时车轮所处的位置,放下后轴。

⑨用二次举升机顶起车辆的前轴,对两前轮进行偏位补偿,操作方法与后轴车轮相同。4 个车轮的偏位补偿数据得到之后,点击屏幕上的"前进"图标进入下一步操作(图 4-21)。程序会自动记录此偏位补偿数据,用于修正测量数据,不需要操作员做任何特殊操作。

注意:车轮落回转角盘之后,前轮位置仍应当保留在按偏位补偿计算键时车轮所处的位置;对于带有差速器的驱动轴,需要将两侧车轮和卡具都还原到初始位置后再按下任意一个补偿计算键完成计算。

⑩补偿全部完成后,上下晃动车身,使悬架复位。

锁上制动锁(图 4-22),目的是为了防止在转向测量时,车轮发生转动引起传感器随之转动,影响主销后倾角和主销内倾角的测量结果。

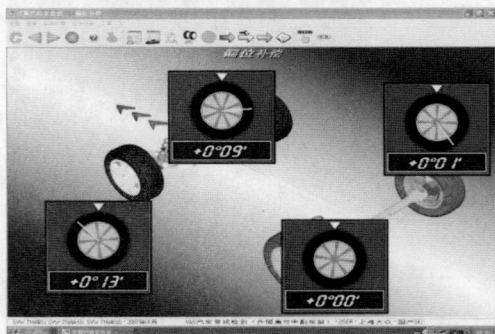

图 4-21   偏位补偿(5)

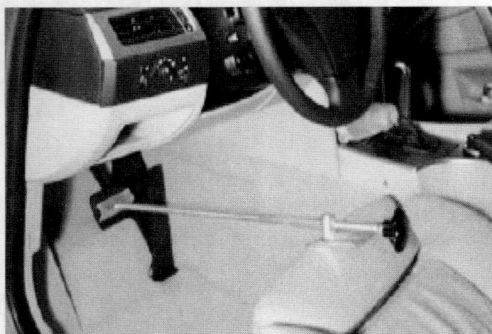

图 4-22   锁上制动锁

4. 调整前检测

(1)按屏幕提示操作,如图 4-23 所示,此时两前轮的前束以中心对称平面对中,开始后轮前束的测量,同时测出外倾角。

(2)如果出现水平提示,调节各个传感器的水平状态,如图 4-24 所示。

图 4-23 调整前检测

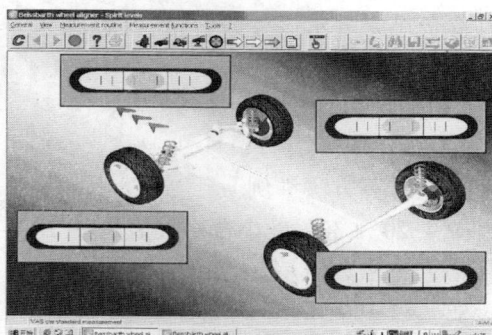

图 4-24 调节各个传感器的水平状态

（3）根据屏幕提示，分别向右、向左打 20°转角。以屏幕上箭头对中为准，如图 4-25 所示。在测量过程中，请勿压靠车身和举升机；在转向时测出主销内倾角、主销后倾角和转向时负前束等定位参数；转向时，车轮的转动将影响以上测量结果；必须锁好制动锁。

（4）再对中一次出现相等的前束值。此时两前轮的前束以几何轴线对中，开始前轮前束的测量，同时测出外倾角。按下 F3 功能键或向前箭头进入最大在转角测量，如图 4-26 所示。

图 4-25 屏幕提示

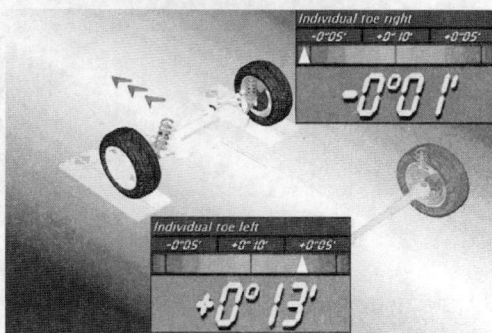

图 4-26 再对中一次出现相等的前束值

（5）使用电子转角盘测量最大转角。对中后提示将两个前传感器取下（图 4-27），目的是为了防止方向打到头时传感器与车身相撞。

将转角盘分别连续向右、向左打到头，握住，直到箭头跳转。再对中一次显示测量结果，如图 4-28 所示。

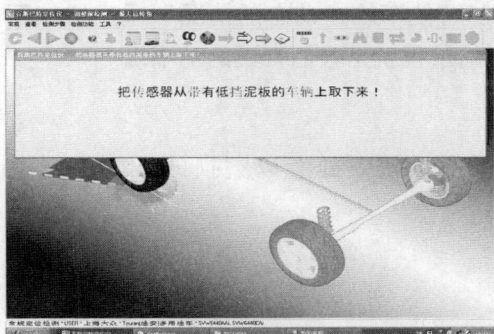

图 4-27 取下两个前传感器

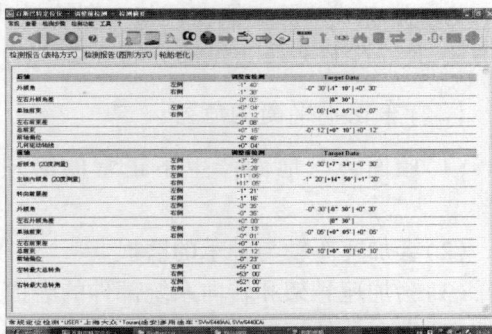

图 4-28 显示测量结果

45

绿色结果表示该参数合格;红色结果表示该参数不合格;黑色结果表示该参数无标准数据。

【附加说明】

$1° = 60'$

公差计算方法举例:

如 $1°20' ± 30'$,最小合格数值是:$1°20' - 30' = 50'$,

最大合格数值是:$1°20' + 30' = 1°50'$。

5. 定位调整

按照屏幕上的箭头打正转向盘,如图 4-29 所示。

将转向盘锁住,目的是为了保证后轴调整时的中心对称面的准确测量,并防止前轮调整时方向偏转,影响测量结果。

图 4-29　箭头打正转向盘

（1）对于单个轴,一般先调整主销后倾角和外倾角,再调整前束角。

（2）对于在调整时不需要移动前轴副车架车辆的调整顺序为:①调整后轴的外倾角;②调整后轴的前束;③调整前轴的外倾角;④调整前轴的前束。

（3）若调整时需要移动前轴副车架,则车辆的调整顺序为:①调整前轴的外倾;②调整后轴的外倾角;③调整后轴的前束;④调整前轴的前束。

三、动平衡仪

我们知道车轮的平衡对于现代轿车来讲,是非常重要的一项工作,轿车在出厂前或者运行一段时间后,车轮都要进行平衡测试,测出车轮内、外不平衡量,然后在轮辋上适当的位置嵌扣或粘贴上平衡块,以使车轮平衡。

（一）什么是动平衡

为了避免或消除车辆在行驶中车轮抖动的现象,使车轮在动态的情况下通过增加配重的方法,使车轮校正各边缘部分的平衡,这个校正的过程就是人们常说的动平衡。

（二）车轮不平衡的危害

（1）胎面会与地面产生不正常的磨损,不平衡量较大处会以磨损的方式将多余量消除。

（2）会加速车轴与轴承的磨损。

（3）会加速悬架和转向系统部件的磨损。

（4）方向轮的振动会导致转向盘的抖动,从而影响驾驶者的操控性和舒适性。

（5）高转速时可能涉及人身安全,如爆胎、方向不受控制、翻车等。

（三）车辆在下列情况下需要做动平衡

（1）行驶在平整路面上，转向盘振动。

（2）行驶在平整路面上，车轮出现有节奏的异响，且速度越快越明显。

（3）更换轮胎、轮毂或是补过轮胎。

（4）车轮受过较大的撞击。

（5）由于颠簸导致平衡块丢失。

（四）动平衡仪的介绍

目前动平衡仪在市场上有很多类型，主要分为立式动平衡仪和卧式动平衡仪。立式动平衡仪是指被平衡转子轴线处于铅垂状态的一类动平衡仪；卧式动平衡仪是指被平衡转子轴线处于水平状态的一类动平衡仪。通常我们在汽车修理厂所见的轮胎平衡仪均为卧式平衡仪，而立式平衡仪一般用于流水线，如汽车车轮装配厂。

现以立式动平衡仪为例，简要介绍轮胎动平衡仪的主要组成及轮胎动平衡操作中的一些注意事项。

1. 轮胎动平衡仪的组成

轮胎动平衡仪主要由平衡仪主轴、车轮快锁螺母、测量尺、显示器、机箱、机箱上盖、平衡块拆装钳、平衡块、轮胎防护罩等组成，如图 4-30 所示。

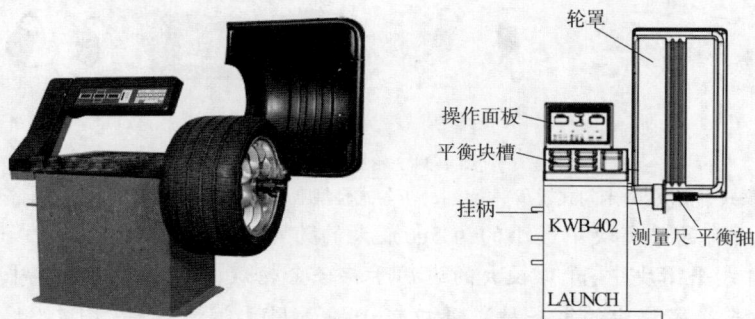

图 4-30　动平衡仪的组成

（1）测量尺。

如图 4-31 所示，测量尺用来测量机体边缘与车轮内侧距离，单位为厘米。

图 4-31　测量尺

（2）测量卡钳。

如图 4-32 所示，测量卡钳也叫宽度测量尺，用于测量轮辋的宽度，单位为英寸和毫米，测量位置如图 4-33 所示。

图 4-32　测量卡钳　　　　图 4-33　测量位置

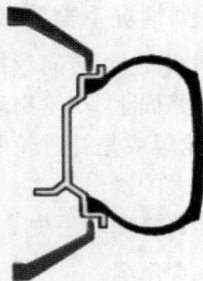

（3）轮胎平衡块。

轮胎平衡块有两种：一种用于铝质辐板式车轮，如图 4-34a）所示；另一种用于钢质辐板式车轮，如图 4-34b）、图 4-34c）、图 4-34d）所示。铝质车轮所用平衡块直接粘贴到轮辋内侧。钢质车轮所用平衡块卡在轮辋内、外边缘处。

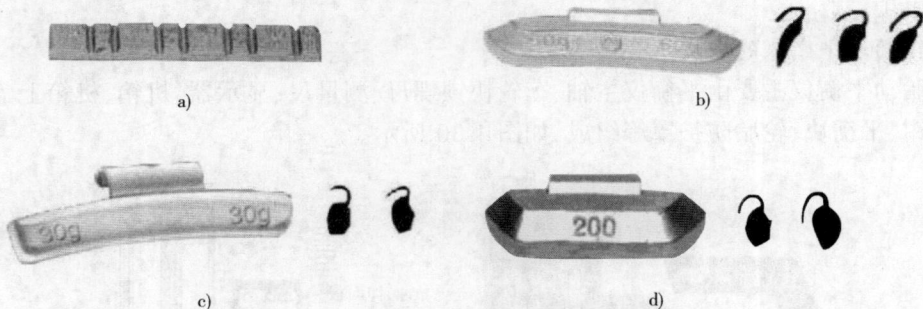

a)　　　　　　b)

c)　　　　　　d)

图 4-34　轮胎平衡块

a)粘贴式平衡块；b)卡勾式轿车平衡块；c)卡勾式轻型卡车平衡块；d)卡勾式大型卡车平衡块

注意：（1）所有的平衡块中最小的为 5g，最大的为 400g。

（2）在卡勾式平衡块中，开口较大的适用于铝合金轮毂（图 4-34 中轿车平衡块中的第一种和第二种，卡车平衡块中的第一种），开口较小的适用于钢质轮毂（图 4-34 中轿车平衡块中的第三种和卡车平衡块中的第二种）。

（4）平衡块卡钳。

如图 4-35 所示，平衡块卡钳用于拆装卡勾式或粘贴式平衡块及去除轮胎表面杂质等。

（5）机箱上盖。

如图 4-36 所示，机箱上盖用来遮盖保护机箱内部零件，支撑电控箱，盛放平衡块和工具。

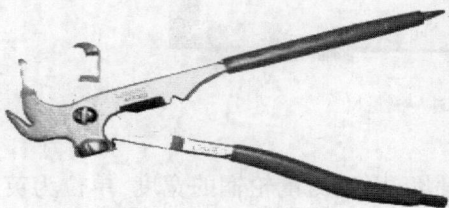

图 4-35　平衡块卡钳　　　　图 4-36　机箱上盖

（6）轮罩。

如图 4-37 所示，轮罩用以保护操作者，以防在工作时，车轮上的石子、平衡块等杂物飞出伤人。每次操作须放下轮罩。

（7）快锁螺母。

如图 4-38 所示，快锁螺母用于装、夹紧车轮。

图 4-37　轮罩

图 4-38　快锁螺母

（五）轮胎动平衡仪的使用注意事项

（1）操作前清除轮胎上的泥土、杂物等。

（2）取掉车轮轮辋上的旧平衡块。

（3）检查轮胎气压，充至规定值，如捷达车型轮胎标准气压为 250kPa。

（4）清洁动平衡仪的主轴和车轮总成锁紧锥套。

（5）接通电源，使主机预热。

（6）按下启动按钮，动平衡仪主轴旋转后应在 15s 内自动制动，制动后，指示灯应显示合格标志，表示仪器正常。

（六）动平衡仪的操作步骤

1. 轮胎固定

清除被测车轮上的泥土、石子和旧平衡块；检查轮胎气压，必须符合原厂的规定；根据轮辋中心孔的大小选择好锥体，仔细装好车轮，用快速螺母上紧，如图 4-39 所示。

图 4-39　轮胎固定

2. 输入参数

打开电源开关，检查指示与控制装置的面板指示是否指示正确。用卡尺测量轮辋宽度 b，轮辋直径 d，用平衡仪上的标尺测量轮辋边缘至机箱距离 a，再用输入或选择器旋钮对准测量值的方法将 a、b、d 的值输入到指示与控制装置中去。

（1）测量动平衡仪到轮辋边缘的距离，如图 4-40 所示。

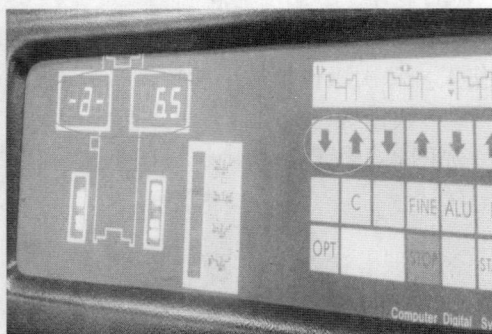

图 4-40　测量动平衡仪到轮辋边缘的距离

（2）测试轮辋宽度，如图 4-41 所示。

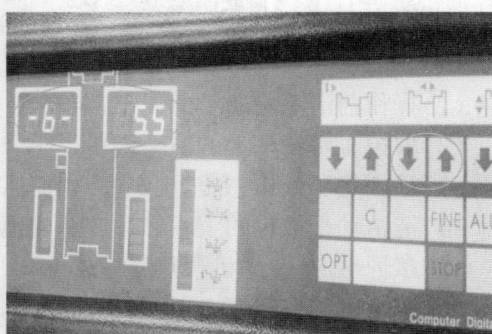

图 4-41　测试轮辋宽度

（3）查看轮辋尺寸，如图 4-42 所示。

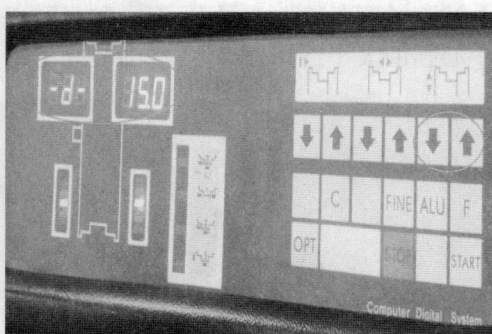

图 4-42　查看轮辋尺寸

3. 开始检测

　　放下车轮防护罩，按下启动键，车轮旋转，平衡测试开始，自动采集数据；车轮自动停转，或听到"嘀"声时按下停止键并操纵制动装置使车轮停转后，从指示装置读取车轮内外侧不平衡量和不平衡位置，如图 4-43 所示。

图 4-43　开始检测

4. 校正动平衡

抬起车轮防护罩,用手慢慢转动车轮,当指示装置发出指示(音响、指示灯全亮、显示检测数据等)时停止转动,在轮辋的内侧或外侧的上部(12 点位置)加装指示装置,显示该侧的平衡块质量(显示面板上左边是车轮内侧,右边为外侧。内、外侧要分别进行,平衡块装卡要牢固),如图 4-44、图 4-45 所示。

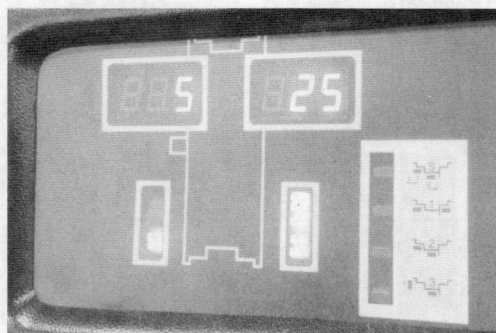

图 4-44　校正动平衡

图 4-45　对应位置打平衡块

5. 重新检测

安装平衡块后有可能产生新的不平衡,应重新进行平衡试验(图 4-46),直至不平衡量小于 5g,指示装置显示"00"或"OK"时为止。测试结束,关闭电源开关。

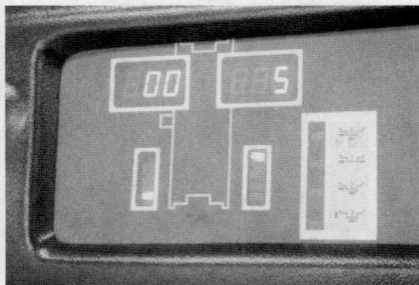

图 4-46　重新检测

思考与练习

一、填空题

1. 当汽车电气控制系统出现问题时,可查找车辆_____存在的故障。

2. 在控制系统软件更换或_____时,对车辆装备的控制模块进行_____。

3. 在控制模块_____时,对新的控制模块进行_____和_____。

4. 可利用互联网技术进行远程_____工作。

5. 四轮定位的准备工作有举升机的检查、_____、_____、_____、_____。

6. 车轮平衡机是一种测量汽车车轮_____,并指示不平衡量_____的设备,人们再通过相应质量的_____将其补偿在指定位置,使车轮平衡。

7. 平衡块有_____和_____两种类型。

8. 轮胎检查内容有:左右车轮轮胎气压是否_____,气压在_____范围内正常;左右轮胎_____是否一致、胎纹的_____是否一致。

二、判断题

1. 做车轮动平衡前不需要清除被测车轮上的泥土、石子和旧平衡块。　（　）

2. 做车轮动平衡前需要检查轮胎气压。　（　）

3. 车轮不平衡可能会使车辆在高转速时发生轮胎爆胎、方向不受控制、翻车等情况。（　）

4. VAS 6150 是针对大众集团旗下的车辆开发研制的,若与其他厂家车辆连接,会造成车辆损坏。　（　）

5. 轿车做完四轮定位后能减低悬架部件耗损。　（　）

三、简答题

1. 汽车在什么情况下需要进行四轮定位?

2. 简述车轮不平衡的危害。

3. 简述车轮动平衡仪的操作流程。

项目五　车身外部检查维护

学习目标

完成本项目学习后,你应能:
　　1.说出车身外部件的名称;
　　2.列举出车身外部检查维护包含的项目;
　　3.熟练掌握车身外部检查维护各项目的作业流程。

建议学时
　　6学时。

　　汽车车身是一件精致的综合艺术品,应以其明晰的雕塑形体、优雅的装饰件和内部覆饰材料及悦目的色彩使人获得美的感受,点缀人们的生活环境。然而车辆在使用过程中难免会出现车身漆面损伤和表面凹陷等情况,这些情况都会影响车辆的美观,所以作为维修人员应细心帮用户检查。另外,为了避免车辆在维护过程中工作人员对用户的车辆造成损伤而引发不必要的纠纷,我们也应该细心检查并认真记录检查结果,从而更好地帮助用户检查出车辆外观问题,并愉快地为用户服务。

一、车身外部检查项目

　　车辆在使用一定时间后需要对车身部件安装状况和外观进行检测,以保证汽车的安全性和美观,而熟悉车身外观结构是做好车辆维护的前提,如图5-1所示。

　　车身外部检查项目有:
　　(1)外观清洁状况及漆面。
　　(2)车身玻璃、天窗。
　　(3)照明灯具、后视镜。
　　(4)门锁、门把手。
　　(5)发动机舱盖、行李舱盖锁扣。
　　(6)燃油加注口密封盖。
　　(7)车身饰条、密封条等。

图5-1　车辆外观

二、车身外部检查维护项目的作业流程

(一)车身外观清洁状况及漆面

1.车身外观清洁状况的检查
车身外观清洁状况检查如图5-2所示。

图 5-2　车辆外观清洁状况

车身外观清洁状况检查：

（1）环视车辆外观。

（2）查看车身光泽度。

（3）查看是否有漏气、漏油现象。

（4）车辆表面是否有各种沉积物、锈蚀物以及焦油、沥青、树汁、鸟粪和虫尸等附着物。

（5）注意"死角"，如刮水器、漏雨槽等地方的杂物。

2. 车身漆面的检查

随着汽车行驶里程的增加，汽车漆面外观会出现不同程度的磨损，直接影响汽车的美观，因此，必须对车身漆面进行检查维护。按漆面的损伤可以分为以下几种类型：鱼眼、针孔、起泡、水印、剥落、龟裂等，如图 5-3 所示。

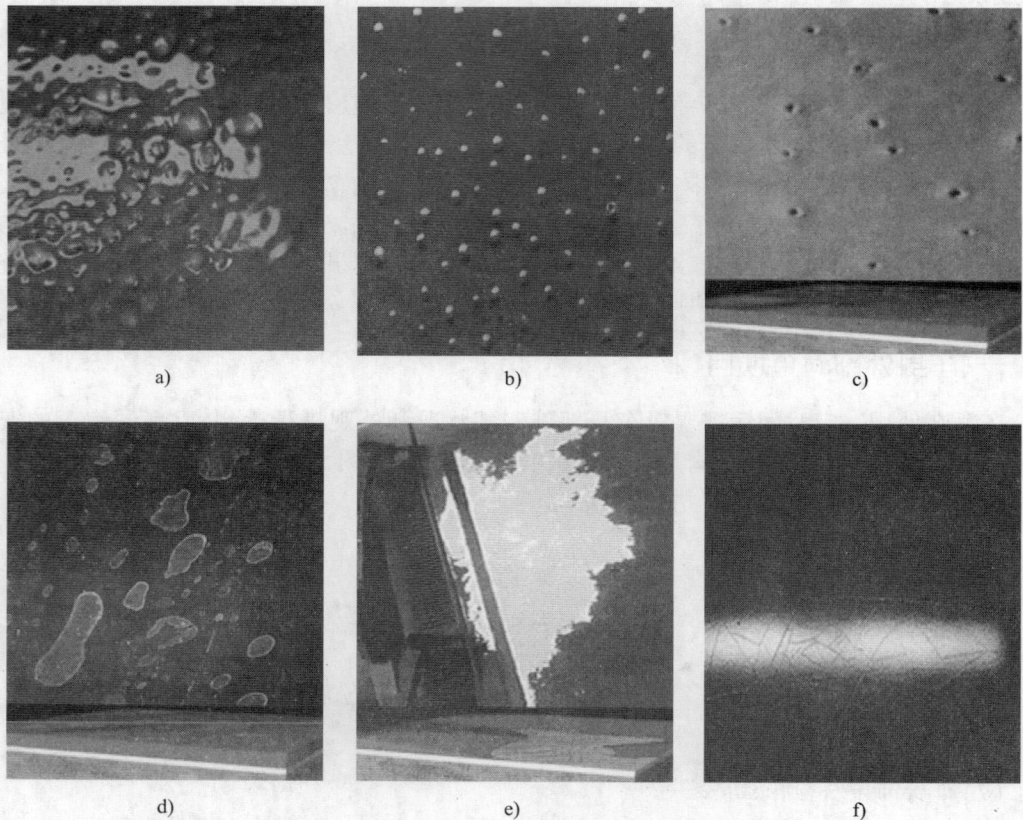

图 5-3　车身漆面损伤类型

a）起泡；b）鱼眼；c）针孔；d）水印；e）剥落；f）龟裂

（1）检查前保险杠、发动机舱盖漆面，如图 5-4 所示。

（2）检查后保险杠和行李舱盖漆面，如图 5-5 所示。

图 5-4　检查车辆前面

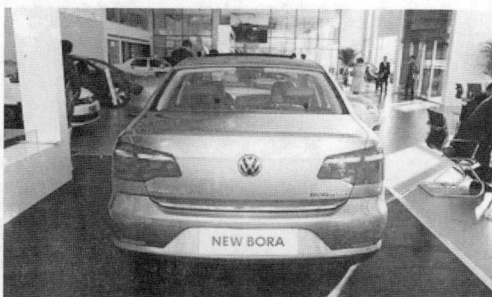

图 5-5　检查车辆后面

（3）检查车辆左右两侧面（左前后翼子板、右前后翼子板、车顶）漆面，如图 5-6 所示。

图 5-6　检查车辆侧面

注意：在距离检查部位 1m 处进行目视环车检查，如漆面有划痕、色差、磕碰痕迹等应认真记录。

（二）发动机舱盖、行李舱盖锁扣

1. 发动机舱盖锁扣检查

发动机舱盖锁扣检查，如图 5-7 所示。

图 5-7　发动机舱盖开启

（1）通过驾驶室发动机舱盖开起开关打开发动机舱盖，在举高位置左右晃动，确认铰链完好。

（2）将舱盖轻轻放下，确认锁扣能正确扣合。

（3）将舱盖锁好，再次打开，确认能正确锁紧和开启。

2. 行李舱盖锁扣检查

开启行李舱，开启按钮如图 5-8 所示。在行李舱开启的状态下用手晃动连接杆，确认连接螺栓无松动现象，检查部位如图 5-9 所示。检查图 5-10 所示的行李舱锁扣，通过关闭动作，确认锁扣的锁紧和开启情况。

图5-8 行李舱盖开启按钮

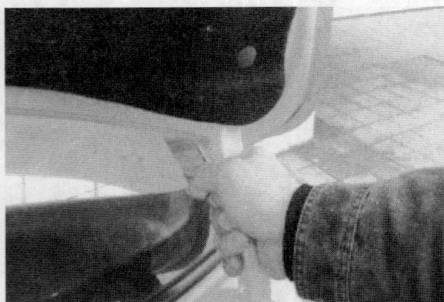

图5-9 行李舱盖检查

图5-10 行李舱锁扣

(三)门锁、门把手

1. 门锁检查

图5-11所示为车门锁,车门锁的检查维护具体如下:

(1)检查外漏部分:美观、色彩均匀一致,表面光滑平整、无划伤、缺损,无飞边、毛刺、气泡、收缩、变形。

(2)非外漏部分:不应该有影响功能的飞边、毛刺及损伤变形。

(3)使用钥匙开启门锁,检查开启和锁紧情况。

2. 门把手检查

图5-12所示为车门把手。车门把手检查维护如下:

(1)观察把手外观是否有磨损情况。

(2)通过使用门把手,完成车门开启与关闭的动作。

(3)检查门把手的使用功能。

图5-11 车门锁

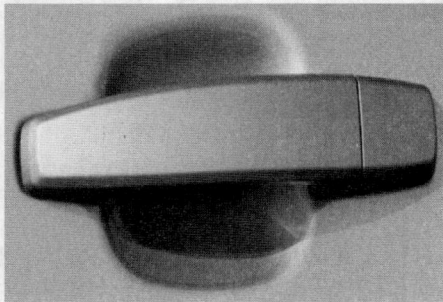

图5-12 车门把手

（四）车身玻璃的检查

汽车玻璃泛指车身的玻璃部件，一般包括汽车的前、后风窗玻璃，前、后车门玻璃，天窗玻璃，车窗玻璃及一些车型所具有的三角玻璃等。汽车玻璃是汽车车身的重要组成部分。

（1）确认玻璃表面无开裂、爆眼、划伤且玻璃应平整。透过玻璃看物体时，无变形的感觉，如图5-13所示。

（2）检查确认前、后风窗玻璃光亮密封条配合牢固，无开裂、变形、翘起等现象，如图5-14所示。

（3）检查车门玻璃、天窗和三角窗玻璃：玻璃表面无开裂、爆眼、划伤；透过玻璃看物体时，无变形的感觉；确认窗框密封条无开裂、变形，如图5-15所示。

图5-13　车辆前风窗玻璃

图5-14　车辆后风窗玻璃

图5-15　车窗玻璃

（五）灯具、后视镜外观

1．照明灯具外观的检查

照明灯具外观检查如图5-16、图5-17所示。

图5-16　车辆前照灯总成

图5-17　车辆后照灯总成

车身外观的照明灯有:前后照灯、侧面转向灯、雾灯组合、后尾灯等。

(1)检查前后照灯、雾灯组合灯、侧面转向灯、后尾灯等与前后保险杠之间配合间隙均匀、对称。

(2)确认灯具表面干净,无划痕、裂缝、破损。

(3)确认各灯具无进水、水汽的迹象。

2.后视镜外观检查

检查外后视镜的外观,如图5-18所示。查看是否有损坏,漆面是否有刮伤,检查后视镜的外置,后视镜的视界(也就是指镜面所能够反映到的范围,当然是越大越好)。当镜面的曲率半径相同时,镜面的尺寸越大,镜面反映的视界越大。因此,尺寸较大的后视镜会给人较舒服和宽大的视界,对行车安全较为有利。

图5-18 车辆后视镜

(六)燃油加注口密封盖检查

(1)检查使用开启器或钥匙时,燃油加注口盖能否顺利打开,如图5-19、图5-20所示。

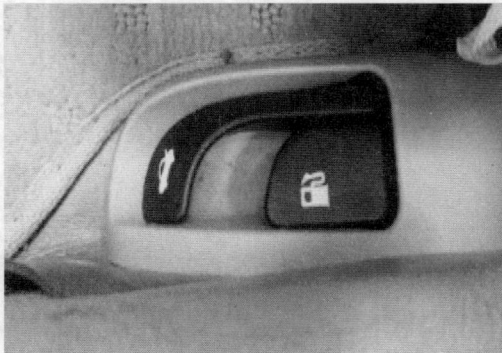

图5-19 燃油箱盖开启开关

图5-20 燃油加注口密封盖

(2)检查盖与车身之间的缝隙和正确定位,必要时应进行调整。

(3)为燃油加注口盖铰链涂润滑剂。

（七）车身饰条、密封条检查

用在汽车上的车身护条、饰条，不但可以增加车身的美感，还能对易磕碰处的车身漆面提供有效保护。车身上的饰条、密封条如图 5-21、图 5-22 所示。

图 5-21　车身饰条

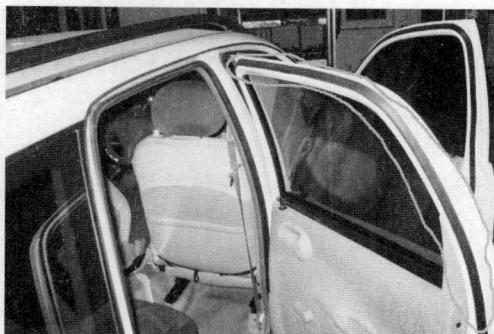

图 5-22　车身密封条

（1）检查确认顶部饰条粘贴牢固，无翘起、破损等情况。

（2）检查确认上侧梁饰条安装牢固，与上梁配合平整，镀铬表面无脱落、划伤、凹凸点、锈蚀、起泡等情况。

（3）检查确认左右两侧门槛饰条安装牢固，与门槛配合平整，镀铬表面无脱落、划伤、凹凸点、锈蚀、起泡等情况。

（4）检查确认车门、翼子板光亮饰条安装牢固，镀铬表面无脱落、划伤、凹凸点、锈蚀、起泡等情况，翼子板、车门光亮饰条过渡一致。

（5）检查确认前格栅、后牌照饰板安装牢固，无翘起；镀铬表面无脱落、划伤、凹凸点、锈蚀、起泡等情况。

（6）检查确认车门窗台外侧密封条表面无划伤、安装牢固，与车窗的配合无间隙，尾部位置与左前门外柱饰条平齐。

（7）检查确认前后车身上的标牌、标示等清晰、正确、粘贴牢固。

（8）检查确认前后门外柱饰条表面无划伤，与左后门外柱饰条平整一致，上下间隙均匀。

思考与练习

一、填空题

1. 车辆在使用过程中难免会出现_____和_____等情况，这些情况都会影响_____，所以我们应细心帮助用户检查。

2. _____是影响汽车车身美感的首要原因。

3. 随着汽车行驶里程的增加，_____会出现不同程度的磨损，直接影响汽车的美观。

4. 按漆面的损伤车身漆面可以分为以下几种类型：鱼眼、_____、_____、_____、_____、_____等。

5.汽车玻璃泛指车身的_____,一般包括汽车的_____、_____、_____及一些车型所具有的三角玻璃等。

6.车身饰条、密封条、装饰条板检查的内容是顶部饰条、_____、_____、前格栅、后牌照饰条、_____、_____、前后门外柱饰条等。

二、简答题

1.写出车身外部检查维护项目的内容。

2.简述车身玻璃检查维护的作业流程。

项目六　发动机舱内油水管路检查

完成本项目学习后,你应能:

1. 正确说出需要检查的油水管路及线路;
2. 正确说出发动机舱内所需检查的油水及标准;
3. 正确描述蓄电池极柱的故障状态;
4. 正确描述附件皮带的检查方法;
5. 正确叙述空调管路及滤清器的检查步骤。

建议学时

6 学时。

在维护项目中发动机舱内油管路检查是比较烦琐、复杂的项目,在进行项目检查时需有条理、有顺序地进行检查。我们可以通过目测检查发动机机舱内机油、燃油、冷却液、制动液、助力油制冷剂、风窗清洗液的密封情况,检查车辆系统是否有泄漏现象,及时发现故障隐患,减少车辆损失和消除安全隐患。

机舱内各部件位置及各部件的相对位置关系,如图6-1所示。

一、检查油水管路及线路

发动机舱油水管路主要检查机舱内管路、线路等部件是否有损坏、干涉及漏油、漏水现象。

(1)发动机舱线路的检测。主要检测机舱内各传感器线、发电机、蓄电池、起动机线等线路是否有断裂、破损、脱落、干涉现象,如图6-2所示。

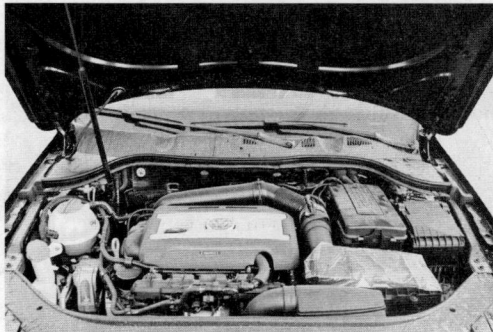

图6-1　发动机舱

图6-2　发动机舱油水管路

（2）主要检查的泄漏及管路干涉部件。主要有燃油油轨道、冷却水管道、制动液管道、空调管道、转向助力液管道、刮水器水管道。

（一）燃油系统的可能泄漏点

燃油系统的可能泄漏点，如图6-3所示。

（1）机舱内输油管路接口处。

（2）高压油泵、油轨。

（3）油压传感器及其连接处。

（二）冷却管道的可能泄漏点

冷却管道的可能泄漏点，如图6-4所示。

图6-3　燃油轨

图6-4　缸盖水管图

（1）暖风凸缘处。

（2）水泵进出水管处。

（3）散热器进出水管。

（4）冷却液温度传感器等连接处。

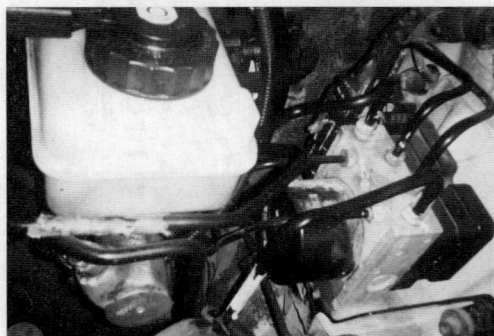

图6-5　制动液油壶与制动总泵连接

（1）空调压缩机油封处。

（2）压力开关连接处。

（3）膨胀阀连接处。

（4）冷凝器与管路连接处。

（三）制动液管路可能泄漏点

制动液管路可能泄漏点，如图6-5所示。

（1）制动液油壶与制动总泵连接处。

（2）ABS泵与油管连接处。

（3）手动变速箱还要检查离合器分泵及管路连接处。

（四）空调制冷系统的可能泄漏点

空调制冷系统的可能泄漏点，如图6-6所示。

(五)转向助力系统的可能泄漏点

转向助力系统的可能泄漏点,如图6-7所示。

图6-6 空调压缩机

图6-7 转向助力油壶

(1)转向助力泵油管及油封。

(2)油压开关。

(3)转向助力油壶及油管。

(六)风窗清洗液的可能泄漏点

风窗清洗液的可能泄漏点,如图6-8所示。

(1)喷水电机附近。

(2)液位传感器附近。

(3)管路连接。

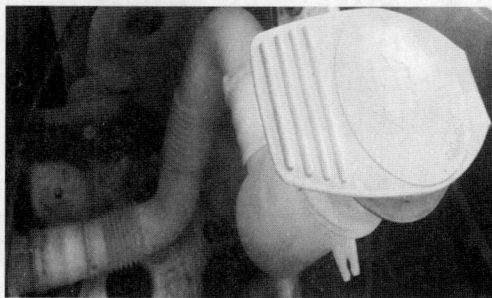

图6-8 风窗清洗液罐

二、发动机舱内油水液位检查

发动机舱内所需检查的油水液位有制动液、刮水器水、冷却液、机油、转向助力油。

(一)制动液液位检查

通过检查制动液液面,及时发现液面缺失,从而及时检查出制动系统泄漏点,排除制动系统故障隐患,保证行车安全。

操作过程:

(1)根据生产日期及维修保养记录,确认制动液年限。

(2)检查制动液液面是否在标准范围内。

如制动液液位不足,必须确认系统无泄漏后,再添加原厂制动液至标准值,如图6-9所示。

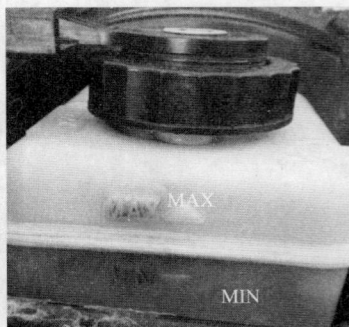

制动液液面应
在MAX~MIN之间
每24个月制动液必须更换
（根据保养记录）
制动液：B000700A

图6-9　制动液液位图

（二）风窗刮水器水液面高度检查

通过对风窗清洗液液面的检查与及时添加,确保风窗清洗液始终充足,使驾驶员始终保持清晰的视野,保证行车安全。

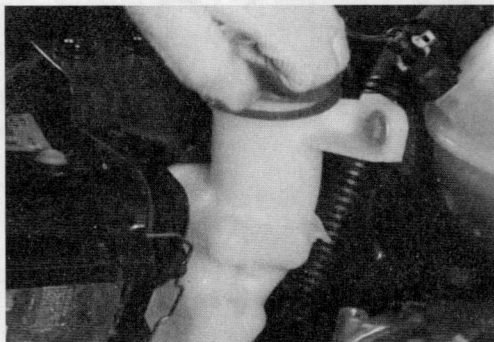

操作过程：

（1）打开风窗清洗液储液罐的盖子,目测风窗清洗液液面,如图6-10所示。

（2）如果看不到液面,应加注原厂风窗清洗液至储液罐罐口。

（3）操作风窗清洗开关,检查风窗清洗系统工作是否正常。

（三）检查冷却液液面高度

通过对冷却液液面和防冻能力的检查,确保

图6-10　刮水器水壶图

冷却液始终对发动机起到有效保护作用,并减少寒冷地区因冷却液冻结而损坏发动机的风险。

操作过程：

（1）必须在发动机冷机时检查冷却液液面高度。

（2）标准是冷却液液位处于"最低标记"与"最高标记"之间,如图6-11所示。

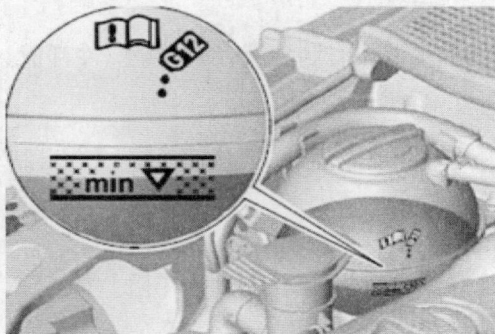

图6-11　冷却液液位图

（3）冷却液液位过低时,按照混合比（40%~60%）加注缺少量。

注意：混合浓度与防冻温度对比见表6-1。

冷却液混合比例　　　　　　　　　　　　　　　表6-1

防冻温度至	冷却液添加剂	蒸　馏　水
−25°	约40%	约60%
−35°	约50%	约50%
−40°	约60%	约40%

(四)机油液位检测

操作过程：

(1)拔出机油尺，机油尺位置如图6-12所示。

(2)用抹布擦净机油尺。

(3)在此插入机油尺。

(4)读取机油液位，如图6-13所示。

A区：不得添加机油。

B区：可添加机油，此时机油油位在添加后可能位于A区（复检后应低于A区）;

C区：必须添加机油，添加后机油油位在B区就可以了。

图6-12　机油尺位置

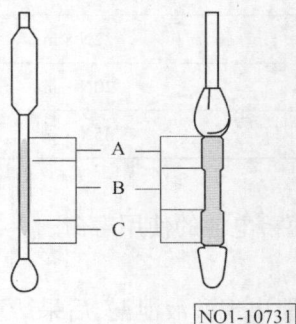

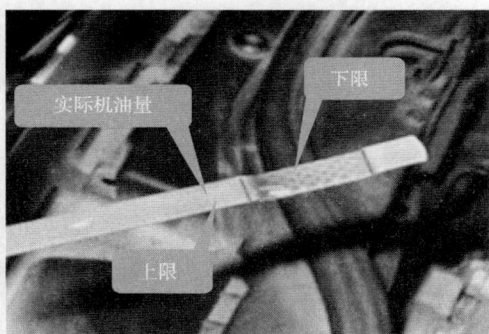

图6-13　机油尺刻度读取图

(五)转向助力油液位检查

操作过程：

(1)拔下转向助力油罐盖子。

(2)用抹布擦净转向助力盖子下的油尺。

(3)再次拧紧转向助力油罐盖子。

(4)再次拔下转向助力油罐盖子。

(5)读取机油尺结果，如图6-14所示。

三、蓄电池检查

(一)蓄电池固定情况及极柱固定检查

操作过程：

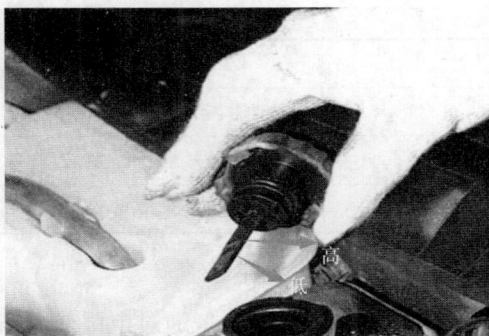

图6-14　转向助力油尺读取图

1. 蓄电池固定螺栓的检查

使用力矩扳手 VAG 1331(5～50N·m)及套筒扳手检查蓄电池固定螺栓的力矩是否符合标准,如图 6-15 所示。力矩以一汽-大众车型为例,见表 6-2。

图 6-15　蓄电池固定螺栓图

一汽-大众车型蓄电池固定螺栓力矩表　　　　　　　　　　　　　　　表 6-2

车　　型	蓄电池固定螺栓力矩
捷达、宝来 A4、高尔夫 A4	22N·m
新宝来、高尔夫 A6、速腾、新速腾、迈腾 B6、迈腾 B7L	20N·m
CC	35N·m

如果蓄电池安装不牢固,则可能产生下列危险:

(1)由于振荡造成蓄电池损坏(爆炸危险),进而缩短蓄电池的使用寿命。

(2)未按规定固定蓄电池会导致损坏蓄电池栅格板。

(3)由紧固卡箍/固定板导致的蓄电池壳体损坏(可能出现酸液泄漏,后果严重)。

(4)碰撞安全性存在缺陷。

2. 蓄电池端子接线柱固定检查

检查端子接线柱固定螺栓是否松动,如松动,以标准力矩拧紧,标准力矩以一汽-大众车型为例,见表 6-3。

一汽-大众车型蓄电池接线柱力矩表　　　　　　　　　　　　　　　表 6-3

车　　型	蓄电池接线柱力矩
捷达、宝来 A4、高尔夫 A4	5N·m
新宝来、高尔夫 A6、新速腾、迈腾 B7L	6N·m
速腾、迈腾 B6、CC	9N·m

(二) 蓄电池电量检查

蓄电池电量检查一般通过电眼颜色来识别。

蓄电池电眼颜色含义(只针对带有电眼的蓄电池),如图 6-16 所示。

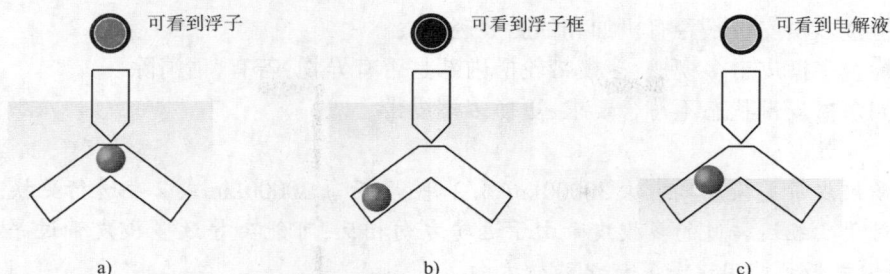

| 可看到浮子 | 可看到浮子框 | 可看到电解液 |

a)　　　　　　　　　　　b)　　　　　　　　　　　c)

图 6-16　蓄电池电眼颜色

a)绿色电眼图;b)黑色电眼图;c)黄色电眼图

(1)绿色:充电状态良好,>65%,蓄电池状态良好。

(2)黑色:充电状态不佳,<65%,需要给蓄电池充电。

(3)黄色至无色:电解液液面过低,需要更换蓄电池。

(三)蓄电池电压静态检测

1.检测步骤

蓄电池静态电压的检测(VAG 1526B)标准测试条件。

(1)关闭点火开关并断开所有用电器,拔出点火钥匙。

(2)断开蓄电池负极接线端。

(3)至少等待 2h。在这个时间段内,对蓄电池既不能充电也不能放电。

2.测量结果分析及采取的措施

(1)静态电压≥12.5V,蓄电池正常。

(2)静态电压<12.5V,给蓄电池充电。

注意:如果充电后蓄电池的静态电压<12.5V,则更换蓄电池。

四、附件皮带的检查

通过定期检查多楔皮带状态,使多楔皮带始终处于良好状态。

操作过程:

(1)关闭发动机,用套筒扳手转动曲轴的皮带轮,如图 6-17 所示。

(2)观察多楔皮带表面是否有层离(表层、加强筋)。

(3)检查多楔皮带表面是否有基层裂纹(裂纹、中心断裂、截面断裂)。

(4)用手逆时针翻转多楔皮带,检查齿面是否磨损(材料磨蚀、齿面散开、齿面硬化、玻璃状齿面、表面裂纹),如图 6-18 所示。

图 6-17　附件皮带

图 6-18　翻转多楔皮带检查图

(5) 检查多楔皮带是否有机油和油脂痕迹。

(6) 检查多楔皮带多楔槽、多楔带轮槽内部是否有异物,若有,请清除。

(7) 如多楔皮带状态不符合要求,更换多楔皮带。

注意:

(1) 多楔皮带更换周期首次 30000km 或 2 年,之后每 30000km 或 2 年进行更换。

(2) 对于已经运转过的多楔皮带由于运转方向相反,可能会导致多楔皮带过早损坏,故在拆卸多楔皮带之前用记号笔标记旋转方向。

图 6-19　空调压缩机

五、空调管路及滤清器的检查

(一) 空调管路检查

空调管路主要检查空调制冷系统管路是否存在泄漏、破损,如图 6-19 所示。

主要检查部位:

(1) 空调压缩机油封处。

(2) 压力开关连接处。

(3) 膨胀阀连接处。

(4) 冷凝器与管路连接处。

(二) 空调滤清器检查

1. 空调滤清器安装位置及拆卸步骤

空调滤清器安装位置及拆卸步骤如图 6-20 所示。

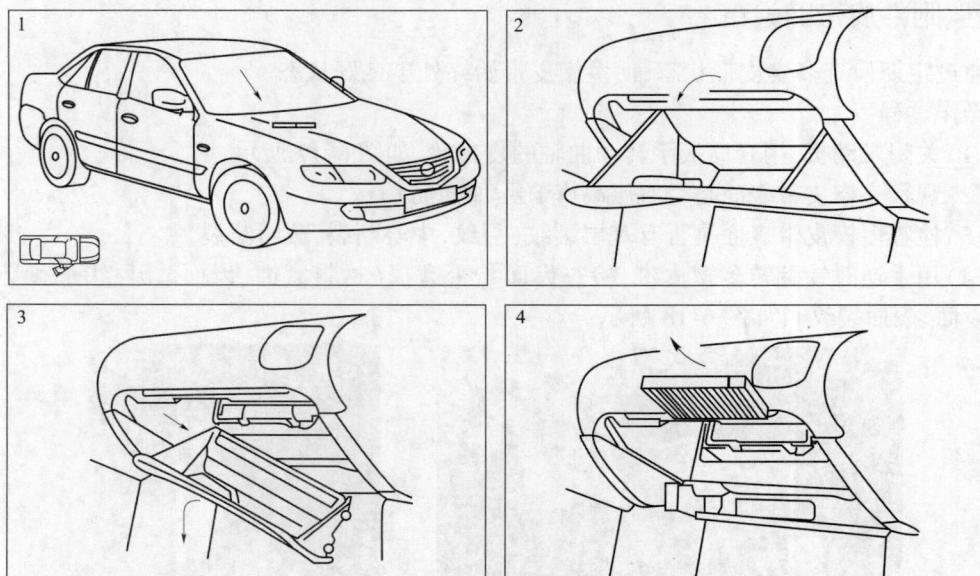

图 6-20　空调滤清器拆装步骤

2.清洁空调滤清器

清洁流程：

(1)清洁擦拭滤清器壳体外部。

(2)拆下空调滤清器滤芯。

(3)清洁滤清器壳体内部和空调滤清器滤芯(用压缩空气)如图6-21所示。

(4)装上空调滤芯。

注意:清洁滤芯时用压缩空气按进气相反的方向吹除灰尘,滤芯不能用水、油等清洗。

图6-21　空调滤清器的清洁

思考与练习

一、填空题

1.发动机舱线路的检测,主要检测机舱内 _____ 、_____ 、_____ 、_____ 线等线路是否有断裂、破损、脱落、干涉现象。

2.主要检查的泄漏及管路干涉部件有 _____ 、_____ 、_____ 、_____ 、_____ 。

3.汽车发动机的冷却系统的可能泄漏点有 _____ 、_____ 、_____ 。

4.检查蓄电池,静态电压≥12.5V,蓄电池 _____ ;静态电压<12.5V,蓄电池 _____ 。如果充电后蓄电池的静态电压<12.5V,则 _____ 。

5.附件皮带更换周期首次 _____ km或 _____ 年,之后每 _____ km或 _____ 年。

二、简答题

1.写出发动机舱内所需检查的油水的部位及简述各部位的检查标准。

2.写出空调管路的检查部位名称。

项目七　发动机检查维护

学习目标

完成本项目学习后,你应能:

　1.熟练进行机油、机油滤清器的更换及机油液面检查;

　2.对冷却液进行液位检查、冷却液加注、冰点测试;

　3.对空气滤清器进行清洁,对燃油滤清器进行更换;

　4.检查火花塞的好坏及进行更换;

　5.对发动机外部进行清洁作业。

建议学时

　6 学时。

一、机油更换及液面检查

(一)发动机机油

1.概述

车辆的发动机好比人体的心脏,需要保养,维护。发动机机油好比人体的血液,在发动机中不断循环。

"好的机油,好的发动机保护。"发动机机油具有冷却、润滑、清洁、密封等功能,其对于保证发动机正常工作起到至关重要的作用。随着发动机工作时间的增加,发动机机油由于高温氧化、机械零件的磨损,细小颗粒、燃油蒸汽腐蚀等因素的影响而受到污染。另外,发动机机油在正常使用中还要有一定的消耗量(根据国标 GB 3743—84 的规定,机油与燃油的消耗比小于 1.0%)。

若发现机油缺少,切不可置之不理,长时间缺油行驶会使发动机出现"拉缸"现象,这样将要拖到修理厂进行发动机大修,轻者只需更换一部分部件,重者则要更换发动机总成,危害极大;但是也不能自己盲目地给发动机添加机油,比如,在未放净旧机油的情况下倒入新机油,此种做法是错误的,正确的做法应该是放净旧机油再加入要求容量的新机油。

机油更换在常规维护中是非常重要的步骤,看似简单实则对机油选择、密封圈的清洁,放油螺栓的拧紧力矩等都有非常严格的要求,因此,不建议用户自行更换。如需更换,务必到汽车服务网点,由专业人员使用专用工具进行更换。

　2.发动机机油更换项目

发动机机油更换一般包含三个子项目:

(1)更换发动机机油。

（2）更换放油螺栓。

（3）更换机油滤清器。

3.发动机机油结构种类

现在汽车上普遍使用的是各厂家自行指定的各种合成式机油,例如,一汽-大众车型所使用机油(图7-1)。

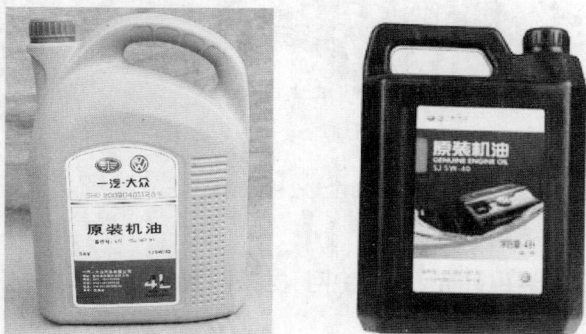

图7-1　一汽-大众专用机油

（1）SM级5W-30的半合成机油:所有车通用。

（2）SL级5W-30的全合成机油。

（3）SJ级10W-40矿物机油:适用2.0L发动机车型。

（4）SL级5W-40矿物机油:适用1.4L、1.6L发动机车型。

4.发动机机油使用方法

机油分为多种,应该按照规定的级数加注机油。绝大多数企业都会使用SAE来标注润滑油的黏度级别,SAE是英文"美国汽车工程师协会"的缩写。

一般情况下,在4—9月全国大部分地区都可选用20~40号的各级夏季用机油。冬季用机油的选择就要注意了,在我国长江以南、南岭以北地区,冬季最低温度可达－10~0℃,可用25W级;在黄河以南、长江以北地区,冬季最低温度可达－5~－15℃,可用20W级;在华北、中西部以及黄河以北地区,冬季最低温度可达－15~－25℃,可用15W或10W级;而在东北、西北等严寒地区,冬季最低温度可达－25~－30℃,要用5W级;对于其他高寒地区,冬季最低温度也能到－30℃以下,就需要用0W级。机油等级如图7-2所示。

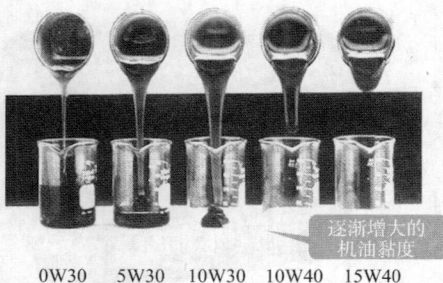

图7-2　不同规格等级的机油对比

（二）机油的作用

机油对磨损件的润滑、发动机的降温、活塞的密封、零件的防锈缓冲以及清洁上都有非常重要的作用。发动机的使用工况非常恶劣,工作温度可达400~600℃,内部有许多相互摩擦运动的金属表面,经过机油的润滑可以降低这些零件的磨损。当然冷却降温、清洗清洁、密封防漏、防锈防蚀、减震缓冲这些来自机油的功劳,无疑成就了发动机的青春永驻。其在发动机内的循环如图7-3所示。

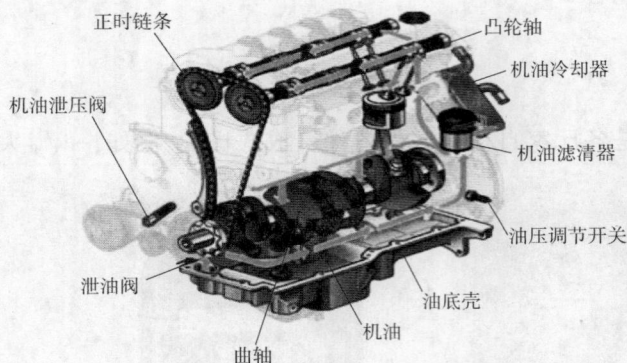

正时链条　　　　　　　　　　凸轮轴

机油泄压阀　　　　　　　　　　机油冷却器

　　　　　　　　　　　　　　机油滤清器

油压调节开关

泄油阀

曲轴　　　机油　　　　油底壳

图为机油润滑的路线，机油对磨损件的润滑、发动机的降温、活塞的密封、零件的防锈缓冲以及清洁上都有非常重要的作用。

图7-3　机油在发动机内的循环示意图

(三)机油滤清器的结构

(1)铁壳式机油滤清器由外壳、护布护网、支撑网及滤芯芯体组成,如图7-4所示。

图7-4　铁壳式机油滤清器

(2)纸质式机油滤清器由过滤纸、支架及密封胶圈三大部分组成,如图7-5所示。

图7-5　纸质滤芯

(四)发动机机油及机油滤清器的更换步骤

1.放出废旧机油

首先要预热发动机到60~70℃,这样有利于彻底排放废旧机油。操作过程要戴上防护手套,注意操作要规范安全;其次注意放油螺栓拧出的技巧,拧出放油螺栓后待机油排放速度呈1滴/s左右后按规定力矩拧紧放油螺栓(以一汽-大众车型为例,使用扭矩扳手V. A. G1331和19mm梅花套筒拧紧放油螺栓,拧紧力矩见表7-1);最后一定要做好废旧机油的回收及场地的清洁,做好环保和卫生工作。排放机油步骤如图7-6~图7-8所示。

油底壳螺栓力矩表　　　　　　　　　　　　　　　　表7-1

一汽-大众油底壳螺栓力矩标准	
1.8TSI/2.0TSI	50±15% N·m
其他发动机	30N·m

图7-6　拧松放油螺栓

图7-7　排净废旧机油

图7-8　拧紧放油螺栓

2. 更换机油滤清器

（1）用专用工具 V.A.G 3417 将旧的机油滤清器先松开，等待几分钟后再拆下，如图7-9 所示。

（2）旋下滤清器并放入废件回收桶中。

（3）清洁机油滤清器支架密封面。

（4）将新滤清器上的橡胶密封环稍微用机油润滑一下，以便拧紧时密封环吸附到滤清器上，不至于损坏，使密封性更好，如图7-10 所示。

图7-9　拧机油滤清器

图7-10　机油滤清器润滑

（5）先用手将滤清器安装在机油滤清器支架上并用手预拧紧。

（6）用专用工具 VAG 1331、V. A. G 3417 按标准力矩拧紧。

（7）5S 管理。

3. 加注新鲜机油

加注新鲜机油时，要认真仔细。加注的油流要准确、缓慢地倒入发动机。

（1）加注量接近油桶容量（4L）的 3/4 时，停止加注。等待 2～3min 后，拔出机油尺检查机油量，应在中间偏上，不足可继续添加，高于上限需抽出多余机油，如图 7-11 所示。

（2）清洁并拧紧加油口盖。起动发动机运转 2min，然后关闭，如图 7-12 所示。

图 7-11　加注新机油

图 7-12　拧紧加油口盖

（3）机油油位检查条件及方法：

①发动机水温至少应为 80℃。

②车辆处于水平位置。

③关闭发动机后等待 3min，以便机油流回油底壳。

④拔出机油尺，用干净的抹布擦净后将机油尺重新插入推到底。

⑤再次拔出机油尺并读出机油油位。

（4）机油尺刻度读取，如图 7-13 所示。

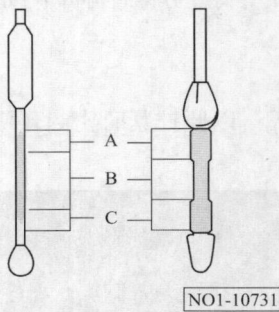

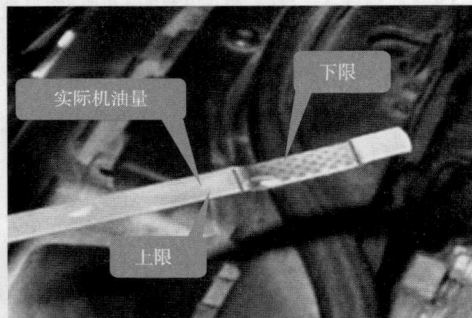

图 7-13　机油尺刻度读取图

A 区：不得添加机油。

B 区：可添加机油，此时机油油位在添加后可能位于 A 区（复检后应低于 A 区）。

C 区：必须添加机油，添加后机油油位在 B 区就可以了。

4. 检查机油是否有泄漏

检查气门罩垫、加油口、曲轴前油封等处是否存在漏油现象。

（五）机油更换注意事项

（1）严格按照维修工艺、保养手册进行安全操作。

（2）将车辆停放在一个水平地面上，拉起驻车制动器，关闭发动机。用举升机举升车辆，并可靠停驻。未确认可靠停驻前千万不要钻到车身下，以免发生安全事故。

（3）找到机油加注口（可参照车辆手册指示的位置）并拧开。这一步非常重要，机油加注口盖打不开就无法将废油全部排出。

（4）把盛放废油的容器放置于排油口下，拧开放油螺栓，小心不要让放油螺栓掉进容器里。不要触摸排出的油，以免烫伤。

（5）拆除旧的滤清器，逆时针方向拧动滤清器扳手，松开滤清器。滤清器内可能满是废油，请务必小心，不要洒出，以免烫伤。

（6）安装新的滤清器，在新滤清器的垫圈上抹一层油。小心地把新的滤清器拧入，不要拧得太紧。更换放油螺栓，把新的放油螺栓拧回去，用扳手按规定力矩拧紧。

（7）检查油位是否正确，达到正确油位时，拧回油盖。起动发动机运转 3～5min，然后关闭。再次用量油尺测量油位。如油位过低，需再补加些油。

二、冷却液液位检查、加注、冰点测试

（一）冷却液

（1）冷却液组成成分：防冻剂、缓蚀剂、消泡剂、着色剂、防霉剂、缓冲剂。

（2）冷却液的作用（四防）：防冻、防腐、防垢、防沸（提高沸点）。

（3）冷却液与蒸馏水的混合比例只能在 40%～60%，且只能用蒸馏水混合，不得用纯净水或自来水替代。

（4）混合浓度与防冻温度对比，见表 7-2。

防冻液混合比例表　　　表 7-2

防冻温度至	冷却液添加剂	蒸　馏　水
-25°	约 40%	约 60%
-35°	约 50%	约 50%
-40°	约 60%	约 40%

（5）选用冷却液的冰点应根据当地最低气温再下探 10°。

（二）冷却液的液面检查及加注

1.冷却液液位检查

检查方法如图 7-14 所示，冷却液液面在 max 与 min 标记之间。

2.冷却液的加注

发动机过热时，冷却液的液面也会升高。为保证准确检查冷却液液位，所以检查冷却液的液面应在发动机冷却的情况下进行。必要时应补充冷却液。补充冷却液时，应将冷却液慢慢地灌

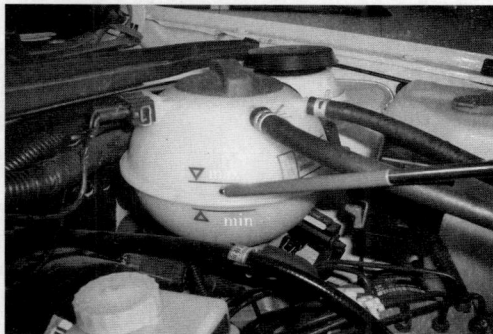

图 7-14　冷却液液位

入散热器。如果液面很低,而发动机温度很高时,不要补充冷却液,应等到发动机温度冷却后再进行。

(1)标准操作。

①在发动机停止工作 10min 后或水温显示低于 100℃ 后开始检查。

②使用冷却液冰点测试仪检测冷却液的冰点,如低于 -35℃ 刻度线则应更换。

③检查确认冷却液膨胀罐或水箱中的冷却液液位在 max 与 min 标记之间。

④如果液位低于 min 标记,应先排除泄漏、排气,然后添加至接近 max 标记处。

⑤清洁擦拭干净。

(2)注意事项。

①用擦布保护手部,慢慢松开膨胀罐或水箱盖子,待降压后再打开。

②必须使用冷却液测试仪。

③使用推荐的冷却液补充。

(三)冷却液冰点测试

1. 检测目的

测定液体的冰点,从而判断冷却液中是否添加了其他液体。一旦冷却液中添加了非专用冷却液,特别是自来水或者矿泉水,将会在发动机和散热器的水道中产生积垢,影响冷却效果,严重的将造成发动机过热(俗称"开锅"),甚至发动机拉缸故障。

2. 用专用工具检测

图 7-15 所示为冰点测试仪专用仪器。冰点仪是为测量电池溶液及防冻液的浓度而设计的。通过测得的百分比可以知道以丙二醇和乙二醇为基的防冻系统的冰点和汽车前风窗玻璃清洁液的冰点,还可用来检查铅酸蓄电池内电解液的比重及使用状态,见表 7-3。为配制、检测防冻液、电解液提供了极大方便。

图 7-15　冰点测试仪专用仪器

冰点仪使用范围　　　　　　　　　　　　　　　　　　　表 7-3

名　称	测量范围	分度值	准确度
防冻液冰点	0 ~ -50℃	5℃	±2.5℃
电解液比重	1.10 ~ 1.40	0.01	±0.01
玻璃液冰点	0 ~ -40℃	10℃	±5℃

由于基原理可靠,精度能满足实际需要,又有体积小、质量轻、造型美观、使用方便等优点,所以冰点测试仪广泛应用于汽车行业中。

(1)冰点测试仪结构,如图 7-16 所示。

(2)读取冰点数据说明,如图 7-17 所示。

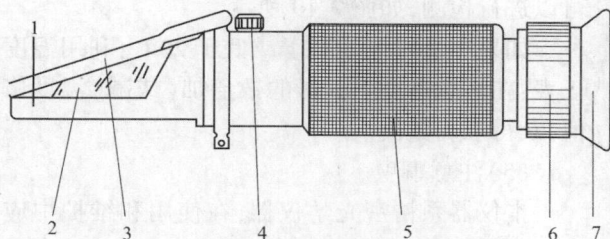

图 7-16 冰点测试仪结构   图 7-17 读取冰点数据

1-棱镜座;2-检测棱镜;3-盖板;4-调节螺钉;5-镜筒和手柄;
6-视度调节手轮;7-目镜

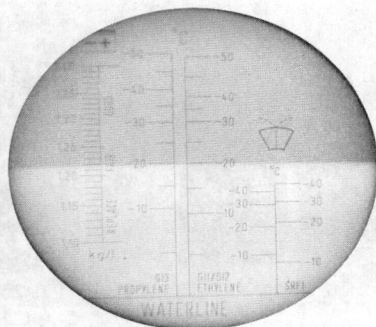

中间标尺:左边(PROPYLENE GLYCOL)丙三醇型防冻液冰点。
　　　　　右边(ETHYLENE GLYCOL)乙二醇型防冻液冰点。
左侧标尺:(BATTERY FLUID)电解液比重。
　　　　　1.10~1.20 需充电。
　　　　　1.20~1.25 电量够用。
　　　　　1.25~1.40 电量充足。
右侧标尺:玻璃清洗剂冰点。
(3)检测步骤。
①打开盖板 3。
②用软布仔细擦净检测棱镜 2。
③取待测溶液数滴,置于检测棱镜上(图 7-18),轻轻合上盖板,避免气泡产生,使溶液遍布棱镜表面。

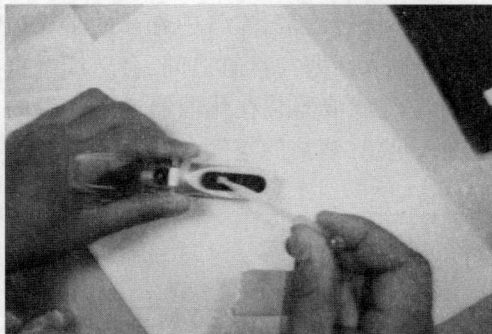

图 7-18 用吸管吸取冷却液进行检测

④将仪器进光板 3 对准光源或明亮处,眼睛通过目镜观察视场,转动目镜调节手轮 6,使视场的蓝白分界线清晰。
⑤分界线的刻度值即为溶液的浓度。
(4)校正和温度修正。
在 20℃环境下,仪器在测量前需要校正。取标准液一滴,涂抹在蓝色检测棱镜上,然后

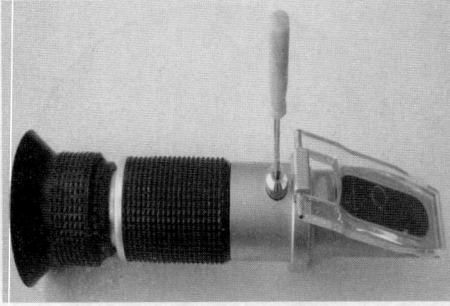

图 7-19　冰点测试仪的校准

把标准玻璃块亮面盖在上面,拧动零位调节螺钉 4,使分界线调至刻度 78.8% 位置。擦净检测棱镜后,可以进行检测,如图 7-19 所示。

如果测量时温度高于或低于 20℃,利用温度修正表,在环境温度下读得的数值加(或减)温度修正值,获得准确数值。

(5)注意事项。

本仪器系精密光学仪器,在使用和维护中应注意以下事项:

①在使用中必须细心谨慎,严格按说明使用,不得任意松动仪器各连接部分,不得跌落、碰撞,严禁发生剧烈振动。

②使用完毕后,严禁直接放入水中清洗,应用干净软布擦拭。对于光学表面,不应碰伤、划伤。

③仪器应放于干燥、无腐蚀气体的地方保管。

④避免零备件丢失。

三、空气滤清器、机油滤清器、燃油滤清器的清洁及更换

(一)空气滤清器的清洁及更换

1. 空气滤清器的作用

如果说发动机是汽车的"心脏",那么空气滤清器就是汽车的"肺"。因为发动机工作时吸入大量空气的同时,也把空气中的灰尘颗粒吸入汽缸内,这些灰尘颗粒则会加速活塞和汽缸的磨损。而空气滤清器的作用就是过滤掉进气中的灰尘颗粒,保证进入汽缸内是干净的空气,从而延长发动机的使用寿命。

发动机在工作过程中要吸进大量的空气,如果空气不经过滤清,空气中悬浮的尘埃被吸入汽缸中,就会加速活塞组及汽缸的磨损。较大的颗粒进入活塞与汽缸之间,会造成严重的"拉缸"现象,这在干燥多沙的工作环境中尤为严重。空气滤清器装在化油器或进气管的前方,起到滤除空气中灰尘、砂粒的作用,保证汽缸中进入足量、清洁的空气。

2. 空气滤清器的清洁

(1)清洁擦拭滤清器壳体外部。

(2)拆下空气滤清器滤芯。

(3)清洁滤清器壳体内部和空气滤清器滤芯(用压缩空气),如图 7-20 所示。

(4)安装滤芯。

注意:清洁滤芯时用压缩空气按进气相反的方向吹除灰尘。

3. 空气滤清器的更换

(1)清洁擦拭滤清器壳体外部。

(2)拆下空气滤清器滤芯。

(3)用压缩空气清洁滤清器壳体内部,如图 7-21 所示。

之后使用气枪把空气滤清器里面的灰尘吹出，如果
没有气枪可以考虑用空气滤清器敲打地面敲出灰尘

图7-20　清洁空气滤清器

图7-21　清洁滤清器壳体内部

（4）安装新的空气滤清器。

（二）燃油滤清器的更换

1. 燃油滤清器的作用及分类

燃油滤清器的作用是过滤汽车燃油中的杂质，使供给发动机燃烧的燃油更纯净。众所周知，国内汽油质量参差不齐，对燃油滤清器的维护就更加不能忽视了。一般的汽油滤清器每隔20000km需要更换一次。本项目以汽油滤清器为例，介绍燃油滤清器的种类和结构以及如何更换燃油滤清器。

如图7-22所示为普通直进直出式汽油滤清器的结构图，汽油通过滤清器时会穿过滤纸，此时杂物会被滤纸吸附，从而实现过滤功能。

我们剖开汽油滤清器可以看到里面是一个圆形带有皱褶的结构，黄色的就是上面提到的滤纸。剖开一个旧的汽油滤清器会看到黄色的滤纸变成黑色，上面有众多黏稠状的物质，如图7-23所示。

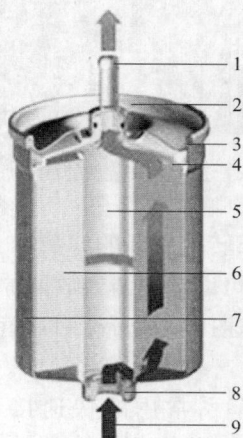

图7-22　普通直进直出式汽油滤清器结构图
1-清油出口；2-滤清器盖；3-双层咬口；4-支撑弹簧；5-支撑管；6-滤纸；7-镀锅外壳；8-螺纹接口；9-污油进口

图7-23　汽油滤清器内部结构

下面列举了三种常见的汽油滤清器，它们分别为普通直进直出式汽油滤清器、带有回油管路的汽油滤清器、集成于油泵总成中的汽油滤清器，如图7-24所示。

图7-24　汽油滤清器

a)普通直进直出式汽油滤清器;b)带有回油管路的汽油滤清器;c)集成于油泵总成中的汽油滤清器

2. 更换燃油滤清器

燃油滤清器一般位于车辆底盘靠近裙脚部位内侧,以简单的直进直出式汽油滤清器为例,介绍如何更换此类汽油滤清器,如图7-25所示。

一般此类汽油滤清器采用管码(喉码)的方式把油管固定在燃油滤清器上方,防止油管脱出。更换滤清器的第一步依然是拔出车辆钥匙,并断开车辆的油泵熔断丝或断开车辆电源。然后松开滤清器出口一头的管码,拔出油管装到新的滤清器的出口端,锁紧管码;接着在滤清器的进口端进行相同的操作,如图7-26所示。

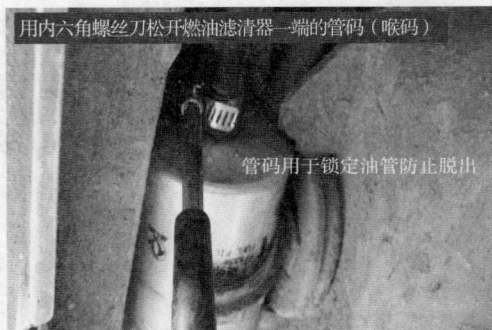

图7-25　安装在底盘上的汽油滤清器

图7-26　拆卸及安装新的汽油滤清器

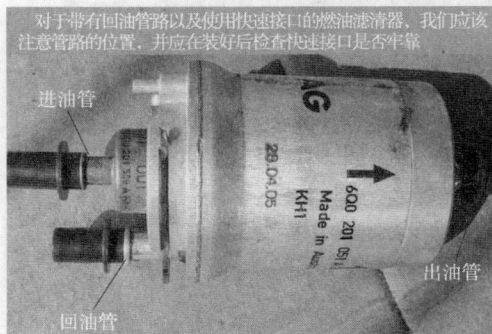

图7-27　安装方向应朝向发动机

把汽油管路转接到新的滤清器,经检查管路安装牢靠后,便可以把滤清器放回原来的位置并固定好,采用快速接口及带有回油管路的燃油滤清器。

对于欧美车系常用的快速接口燃油滤清器,更换方式与上面提到的直进直出式汽油滤清器类似。在更换时需要先了解接口的结构,切勿用蛮力拉扯管路。与此同时,注意各油管的位置,切勿接反,否则将无法着车,如图7-27所示。

四、火花塞的检查及更换

(一) 火花塞的作用

火花塞,俗称火嘴,它的作用是把高压导线(火嘴线)送来的脉冲高压电放电,击穿火花塞两电极间的空气,产生电火花以此引燃汽缸内的混合气体。高性能发动机的基本条件是高能量稳定的火花、混合均匀的混合气和高压缩比,如图 7-28 所示。

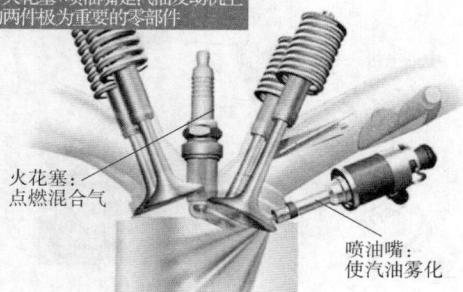

火花塞+喷油嘴是汽油发动机上的两件极为重要的零部件

火花塞:点燃混合气

喷油嘴:使汽油雾化

图 7-28　火花塞点火

(二) 火花塞的结构

火花塞的结构如图 7-29 所示。

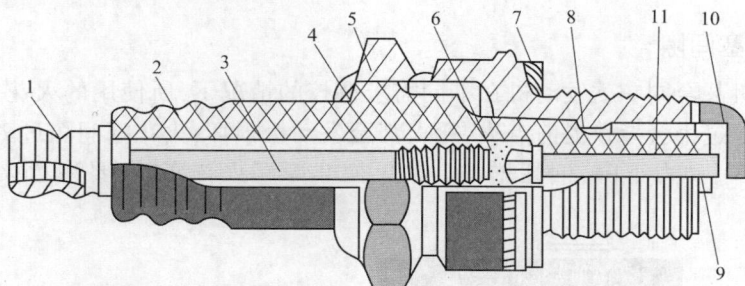

图 7-29　火花塞结构图

1-接线螺母;2-绝缘体;3-金属杆;4-内垫圈;5-壳体;6-导体玻璃;7-密封垫圈;8-内垫圈;9-中心电极;10-侧电极;11-绝缘体裙部

经过了一百多年的发展,传统的标准火花塞已经发展出多种多样的电极类型。火花塞由传统的标准型单侧极发展到突出型单侧极,由单侧极发展至多侧极,如图 7-30 所示。

图 7-30　火花塞电极

传统单侧极火花塞的火焰核位于中央电极与侧电极之间,热量较多的被侧电极吸收,从而抑制了火焰核的增大,即"消焰作用"明显。这就降低了此类型火花塞的跳火性能(图7-31)。

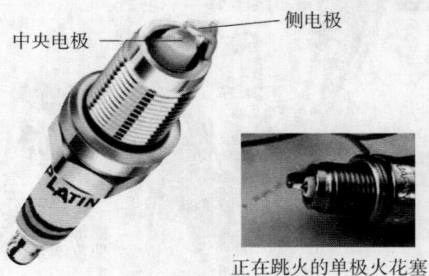

中央电极 —— 侧电极

正在跳火的单极火花塞

图7-31　传统火花塞

在20世纪20年代,开始出现了三侧极火花塞,3个搭铁电极位于中央电极四周,消除了单侧极火花塞中央电极被侧电极遮挡的缺点,削弱了"消焰作用",火花能量较大,拥有更好的跳火性能。这里要明确一点,虽然多电极火花塞有多个搭铁电极,但在火花塞跳火瞬间电流仅通过单一搭铁电极跳火,不会出现多电极同时跳火的情况。

火花塞按照热值高低来分,有冷型和热型;按照电极材料来分,有镍合金、银合金和铂合金等。

(三)火花塞间隙

不同发动机甚至同一款发动机在不同需求调校的情况下,所使用的火花塞间隙都不一样。火花塞间隙过小会导致提前点火、死火甚至发动机损坏;火花塞间隙过大会导致失火、火花塞污垢增多、动力下降、油耗增加。在更换非原厂火花塞时,要注意火花塞间隙,如图7-32所示。

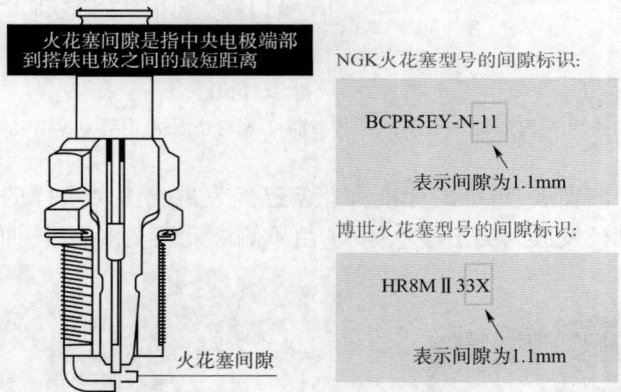

火花塞间隙是指中央电极端部到搭铁电极之间的最短距离

火花塞间隙

NGK火花塞型号的间隙标识:

BCPR5EY-N-11

表示间隙为1.1mm

博世火花塞型号的间隙标识:

HR8MⅡ33X

表示间隙为1.1mm

图7-32　火花塞间隙

(四)火花塞的检测

1.就车检查法

(1)短路法:起动发动机,使其怠速运转,然后用螺丝刀逐缸对火花塞短路,听发动机转速和响声变化,转速和响声变化明显,表明火花塞正常,反之为不正常。

(2)跳火法:旋下火花塞,放在汽缸体上,用高压线试火,若无火花或火花较弱,表明火花塞漏电或不工作。

2.观色法

拆下火花塞观察,如图7-33所示。如为赤褐色或铁锈色,表明火花塞正常;如为渍油状,表明火花塞间隙失调或供油过多,高压线短路或断路;如为烟熏之黑色,表明火花塞冷热型选错或混合气浓,机油上蹿;如顶端与电极间有沉积物,当为油性沉积物时,说明汽缸蹿机油与火花塞无关;当为黑色沉积物时,说明火花塞积炭而旁路,当为灰色沉积物时,则是汽油中添加剂覆盖电极导致缺火;若严重烧蚀,如顶端起疤、有黑色花纹破裂、电极熔化,表明火花塞损坏。

图 7-33 火花塞颜色

(五)火花塞的更换及注意事项

1. 火花塞的更换

将火花塞上的高压分线依次拆下,并在原始位置做上标记,以免安装错位。在拆卸中注意事先清除火花塞孔处的灰尘及杂物,以防止杂物落入汽缸。拆卸时用火花塞套筒套牢火花塞,转动套筒将其卸下。拆卸完毕后安装新的火花塞并按规定力矩 30N·m 拧紧,然后安装上高压线圈并进行清洁。

2. 火花塞更换的注意事项

(1)拔下高压线接头时应轻柔,操作时不可用力摇晃火花塞绝缘体,否则会破坏火花塞密封性能。

(2)发动机冷却后方可拆卸,当旋松所要拆卸的火花塞后,用一根细软管逐一吹净火花塞周围的污物,以防火花塞旋出后污物落入燃烧室内。

(3)螺钉周围、火花塞电极和密封垫必须保持清洁、干燥、无油污,否则会引发漏电、漏气、火花减弱等故障。

(4)安装时,先清洁,再用套筒将火花塞对准螺孔,用手轻轻拧入,拧到约螺纹全长的 1/2 后,再用加力杠杆紧固。应拧动时手感顺畅。

(5)应按要求力矩拧紧,过松会造成漏气,过紧会使密封垫失去弹性,同样会造成漏气。锥座型火花塞由于不用密封垫,所以遵守拧紧力矩尤显重要。

五、发动机外部清洁

首先,将汽车电器用塑料薄膜遮罩,然后用半湿性毛巾压盖于薄膜上侧,以防高压水冲进分电器,致使汽车难以起动;使用高压水枪由发动机侧面按从上到下的顺序将发动机室内侧及发动机外表的附着污物冲净;直接将发动机外部清洗剂均匀喷洒于淋湿后的发动机及发动机室周边;用纤维毛刷清洗发动机室内所能触及的所有部件;用高压水枪快速冲净刷洗掉的污物;直接将发动机外部清洗剂均匀喷洒于淋湿后的发动机及发动机室周边;用纤维毛刷清洗发动机室内所能触及的所有部件;用高压水枪快速冲净刷洗掉的污物。

其次,将发动机外部清洗剂喷洒于发动机表面,操作步骤同上;周而复始,直至将发动机外表清洗干净。

最后将冲洗干净的发动机用半湿性毛巾擦干,并用吸尘吸水风干机将手不易触及的地方吸干,然后风干;用塑料橡胶保护剂对发动机室内侧的塑料橡胶部件进行上光,然后再将金属部件镀膜,如图 7-34 所示。

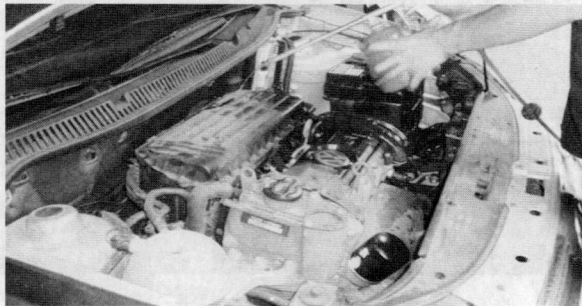

图 7-34　发动机舱外部清洁

思考与练习

一、填空题

1. 发动机机油更换一般包含三个子项目:(1)＿＿＿＿＿;(2)＿＿＿＿＿;(3)＿＿＿＿＿。

2. 放出废旧机油是项技术活,首先要预热发动机到＿＿＿＿＿,这样有利于＿＿＿＿＿。

3. 冷却液的组成成分为＿＿＿＿＿、＿＿＿＿＿、＿＿＿＿＿、＿＿＿＿＿、＿＿＿＿＿、＿＿＿＿＿。

4. 冷却液的作用有＿＿＿＿＿、＿＿＿＿＿、＿＿＿＿＿。

5. 冷却液液位检查:冷却液液面在＿＿＿＿＿标记之间。

6. 一般的汽油滤清器每隔＿＿＿＿＿km 需要更换一次。

7. 火花塞,俗称＿＿＿＿＿,它的作用是把＿＿＿＿＿(火嘴线)送来的＿＿＿＿＿放电,＿＿＿＿＿火花塞两电极间＿＿＿＿＿,产生＿＿＿＿＿以此引燃汽缸内的＿＿＿＿＿。

8. 花塞间隙过小会导致＿＿＿＿＿、＿＿＿＿＿甚至＿＿＿＿＿;火花塞间隙过大会导致＿＿＿＿＿、＿＿＿＿＿、＿＿＿＿＿、＿＿＿＿＿。在更换非原厂火花塞时,要注意＿＿＿＿＿。

二、判断题

1. 车开得少,机油滤清器可以一年更换一次。　　　　　　　　　　　　　(　　)

2. 机油压力低对发动机影响大,压力高影响小。　　　　　　　　　（　　）

3. 油底壳螺栓只要拧紧看不到漏油即可。　　　　　　　　　　　（　　）

4. 发动机曲轴轴颈采用的润滑方式是定期润滑。　　　　　　　　（　　）

5. 汽油滤清器安装时要注意安装方向。　　　　　　　　　　　　（　　）

6. 更换火花塞时,如果间隙还符合要求,到达更换时间可以不更换,继续使用。（　　）

7. 进行发动机外部清洁时,用水枪清洗后不用吹干,靠自然风干。（　　）

三、简答题

1. 请写出空气滤清器清洁的步骤。

2. 请写出火花塞更换的注意事项。

项目八　车身底盘检查维护

学习目标

完成本项目学习后,你应能:

  1. 识记底盘的功用及组成;

  2. 正确说出底盘漏油检查项目;

  3. 准确说出底盘线束检查项目;

  4. 对照图片能正确指出转向拉杆球头的检查步骤;

  5. 准确说出底盘杆件及螺栓的检查项目。

建议学时

  6 学时。

一、汽车底盘概述

(一) 底盘的功用

底盘的作用是支承、安装汽车发动机及其各部件、总成,形成汽车的整体造型,并接受发动机的动力,汽车底盘使汽车产生运动,保证正常行驶。

(二) 底盘的组成

如图 8-1 所示,底盘由传动系统、行驶系统、转向系统和制动系统四部分组成。

图 8-1　底盘组成

1. 传动系统

传动系统指位于发动机到汽车驱动轮之间的传递动力的装置。传动系统的基本功能是接受发动机的动力并传给驱动轮。除此之外,还能增大来自发动机的转矩;降低发动机输出的转速;改变发动机输出转速的转动方向;切断发动机动力向驱动轮的传输等功能。传动系统由离合器、变速器、万向传动装置和驱动桥组成。

2. 行驶系统

行驶系统由汽车的车架、车桥、车轮和悬架等组成。汽车底盘行驶系统的功能有接受传动系统的动力,通过驱动轮与路面的作用产生牵引力,使汽车正常行驶;承受汽车的总重量和地面的反力;缓和不平路面对车身造成的冲击,衰减汽车行驶中的振动,保持行驶的平顺性;与转向系统配合,保证汽车操纵稳定性。

3. 转向系统

用来改变或保持汽车行驶或倒退方向的一系列装置称为汽车转向系统。汽车转向系统的功能就是按照驾驶员的意愿控制汽车的行驶方向。汽车转向系统对汽车的行驶安全至关重要,因此汽车转向系统的零件都称为保安件。汽车转向系统和制动系统都是汽车安全必须要重视的两个系统。

4. 制动系统

制动系统是使汽车的行驶速度可以强制降低的一系列专门装置。制动系统主要由供能装置、控制装置、传动装置和制动器四部分组成。制动系统的主要功用是使行驶中的汽车减速甚至停车、使下坡行驶的汽车速度保持稳定、使已停驶的汽车保持不动。

二、汽车底盘线束检查

(一)检查轮速传感器线束、插接头

轮速传感器线束破损、接头损坏可能会导致 ABS 失效,有的还可能引起时速表和里程表不显示,给驾驶带来一定影响,如图 8-2 所示。

(二)检查驻车制动器拉线是否有磨损变形及松动

长期使用驻车制动器会使钢丝产生塑性变形,由于这种变形是不可恢复的,所以长期使用会降低效用,驻车制动器的行程也会增加。与驻车制动器配套使用的还有复位弹簧。拉起驻车制动器制动时,弹簧被拉长;驻车制动器松开,弹簧恢复原长。长期使用驻车制动器时,弹簧也会产生相应变形。任何零件在长期、频繁使用时,都存在效用降低的现象。所以,为了提高汽车的安全性,及时检查驻车制动器线(图 8-3)很有必要。

图 8-2 轮速传感器线束

图 8-3 驻车制动器拉线

三、汽车底盘漏油检查

汽车底盘油液的泄漏主要有机油泄漏、变速器油（ATF）泄漏、悬架减振器泄漏、燃油泄漏、制动液泄漏等。

（一）检查机油的泄漏

机油过少会导致散热不好，还会增加机械磨损，如果过量缺少则会导致"拉缸"。因此，及时检查机油是否泄漏则显得尤为重要。

机油泄漏一般发生在三处：机油放油塞、机油滤清器、油底壳。

1. 检查机油放油塞是否漏油

放油螺栓漏油（图8-4）一般是由于放油螺栓力矩没有达到规定值，没有拧紧而导致漏油，还有可能是螺栓本身损坏导致漏油。

2. 检查机油滤清器是否漏油

机油滤清器漏油一般有三种原因：一是密封垫损坏，导致不能和底座密封而漏油；二是滤清器没有拧紧；三是拧得过紧，导致外壳破裂（图8-5）。

图8-4　机油放油塞漏油

图8-5　机油滤清器漏油

3. 检查油底壳是否漏油

油底壳漏油会出现油底壳大面积油污。密封圈的老化、腐蚀都会导致油底壳漏油。油底壳本身破裂和油底壳螺栓没有拧紧也会导致油底壳漏油（图8-6）。

机油泄漏还有可能发生在发动机与变速器结合处，导致泄漏的原因是曲轴后油封损坏。

（二）检查变速器放油塞是否漏油

变速器油过少，会出现变速器有异响，挂挡不顺，严重的还会烧坏变速器内零部件，导致变速器报废（图8-7、图8-8）。

图8-6　油底壳漏油

图 8-7　变速器油放油塞

图 8-8　发动机和变速器结合处

检查发动机与变速器安装面是否漏油。如果泄漏的是机油,是由于曲轴后油封损坏导致不密封而致;如果泄漏的是齿轮油,那就是一轴油封或副轴油封损坏或副轴轴承损坏,修理时需要拆掉变速器,更换损坏的零件。

(三)检查 4 个悬架减振器是否漏油

减振器漏油除了影响行车的舒适性之外,对汽车的操稳性也有很大影响,也会影响悬架中其他部件的正常工作,甚至会损害其寿命(图 8-9)。

(四)检查燃油管路和燃油滤清器接头是否漏油

燃油管是指燃油从燃油箱到发动机的管路,也包括回油管。燃油泄漏,轻则会造成经济方面的损失,导致压力不足,影响发动机的动力性;重则可能引起火灾,造成车损人亡(图 8-10)。

图 8-9　减振器外壳是否有油污

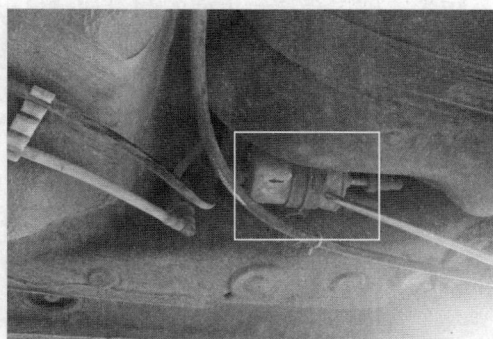

图 8-10　燃油管及燃油滤清器

(五)检查制动管路是否漏油

制动系统中,制动管路接头或制动油管因连接松动、损坏,在制动时,出现漏油,将严重影响制动效能,使进入轮缸活塞的制动液不足,压力不够,摩擦片与制动盘的制动力矩下降,导致车轮制动力不足(图 8-11 ~ 图 8-13)。

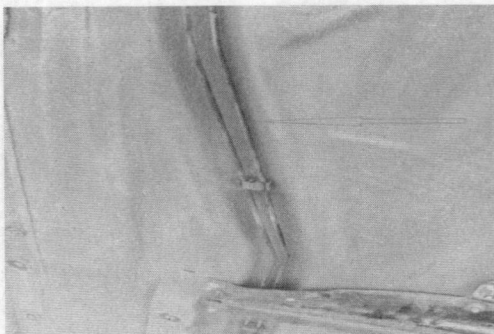

图8-11　制动管路(1)

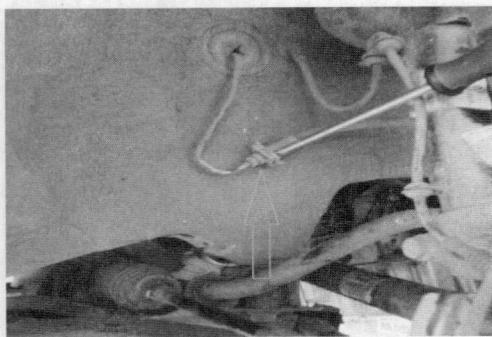

图8-12　制动管路(2)

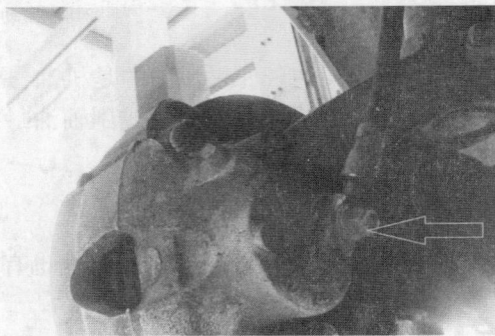

图8-13　制动管路拧紧螺栓

四、底盘密封件的检查

(一) 检查左右驱动半轴内、外侧防尘罩是否破损

防尘罩破损会导致里面的润滑油被甩出来,如果杂物(沙土)进去,球笼很快会报废,出现行驶异响,影响其寿命(图8-14、图8-15)。

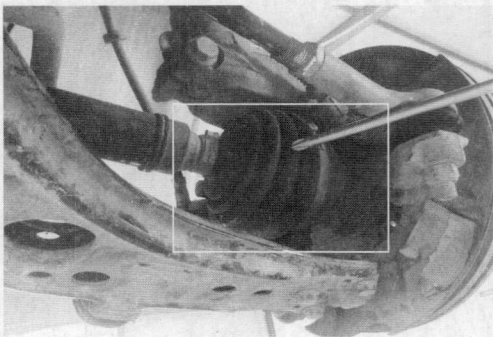

图8-14　驱动半轴外侧防尘罩

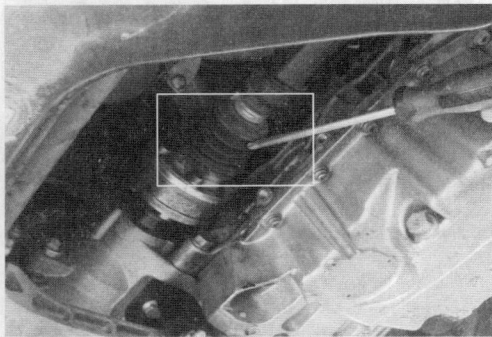

图8-15　驱动半轴内侧防尘罩

(二) 检查左右转向横拉杆防尘罩、球头是否破损

横拉杆防尘罩破损会导致灰尘、沙粒进到里面,转向会产生异响(图8-16)。

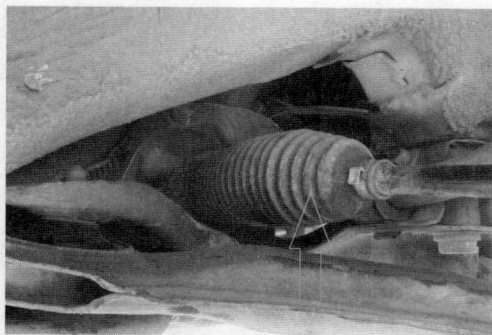

图 8-16　横拉杆防尘罩

五、底盘杆件及螺栓的检查

(一)检查排气管吊耳是否牢固

吊耳起到固定排气管的作用,把排气管吊在车底壳的下面,从前往后一般有四处。如果排气管不牢固,行驶的过程中会有声音,尤其是高速行驶时(图 8-17)。

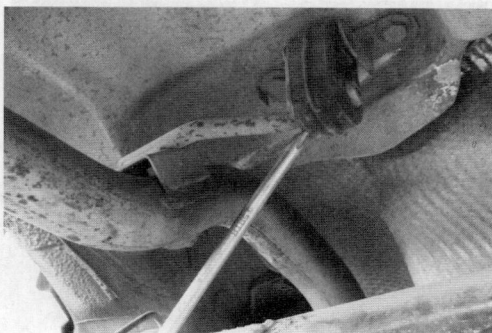

图 8-17　排气管吊耳

(二)检查防侧倾杆是否变形、松动

稳定杆又称防倾杆、平衡杆,是汽车悬架中的一种辅助弹性元件。它的作用是防止车身在转弯时发生过大的横向侧倾,尽量使车身保持平衡。目的是减少汽车横向侧倾程度和改善平顺性。横向稳定杆是用弹簧钢制成的扭杆弹簧,形状呈"U"形,横置在汽车的前端和后端。杆身的中部,用稳定杆衬套与车架铰接,杆的两端分别固定在左右悬架上(图 8-18)。

图 8-18　防侧倾杆和连接杆

(三) 检查副车架与车身的连接螺栓

副车架与车身的连接螺栓的检查,如图 8-19 所示。

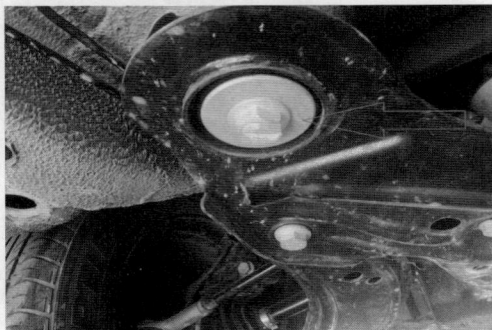

图 8-19　副车架与车身固定螺栓

(四) 检查三角臂与主销球头的连接螺栓

检查三角臂与主销球头的连接螺栓,如图 8-20 所示。

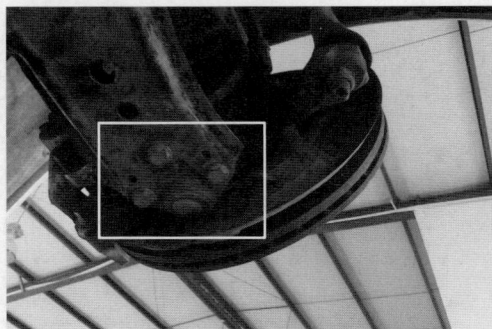

图 8-20　三角臂与主销球头的连接螺栓

(五) 检查转向机固定螺栓

检查转向机固定螺栓,如图 8-21 所示。

图 8-21　转向机固定螺栓

(六) 检查减振器上、下固定螺栓

减振器固定螺栓松动会大大减弱减振器的效果,使车辆的乘坐舒适性降低,还可能导致减振器损坏(图 8-22、图 8-23)。

图 8-22 减振器上固定螺栓

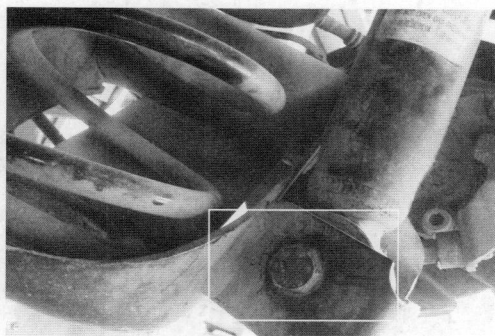

图 8-23 减振器下固定螺栓

思考与练习

一、填空题

1. 底盘由_____、_____、_____和_____四部分组成。传动系统的基本功能是接受_____的动力并传给_____;制动系统主要由_____、_____、_____和_____四部分组成。

2. 底盘检查线束主要有_____、_____、_____。

3. 底盘存在泄漏的油液有_____、_____、_____、_____。

4. 在底盘检查中机油泄漏可能发生在_____、_____、_____。

二、判断题

1. 机油过少会导致散热不好,还会增加机械磨损,如果过量缺少则会导致"拉缸"。因此及时检查机油是否泄漏则显得很重要。 （ ）

2. 机油泄漏还有可能发生在发动机与变速器结合处,导致泄漏的原因是曲轴后油封损坏。 （ ）

3. 变速器油过多,会出现变速器有异响,挂挡不顺,严重的还会烧坏变速器内零部件,导致变速器报废。 （ ）

4. 机油放油塞和机油滤清器必须按标准力矩拧紧,所以要记住它们的规定力矩。 （ ）

5. 油底壳只要不漏油,只是有些变形、凹坑,可以不必更换。 （ ）

三、简答题

1. 底盘的作用是什么?

2. 简述机油泄漏可能出现的危害。

项目九　驾驶室的检查

学习目标

完成本项目学习后,你应能:

1. 对车辆的中央门锁、车窗玻璃、电动后视镜进行检查;
2. 按规定检查转向盘、驾驶座椅、安全气囊外表、安全带;
3. 认识仪表指示数值、信号灯、警报灯的含义并对其进行检查;
4. 检查空调开关及通风状况;
5. 按要求检查内饰。

建议学时

6 学时。

为了提高汽车行驶中的安全性,我们在行车前与车辆维护时都必须对驾驶室进行检查,以确保驾驶员和车辆的安全。

一、车辆驾驶室检查前的准备工作

(1)车辆进入工位前,清理工位卫生,排除障碍物,准备好相关的工具、物品等(图9-1)。

(2)车辆进入工位后,及时放置车轮挡块,如图9-2所示。

图9-1　工前准备

图9-2　车轮放置挡块

(3)对教学车辆安装五件套(转向盘套、座椅套、变速杆套、驻车制动器套和脚垫),如图9-3所示。

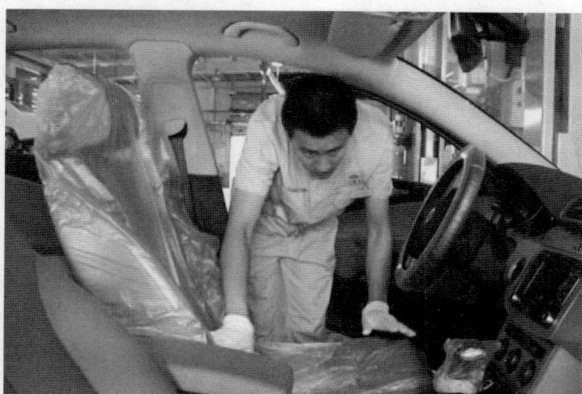

图 9-3　安装五件套图

二、车门遥控钥匙

车门遥控钥匙,如图 9-4 所示。

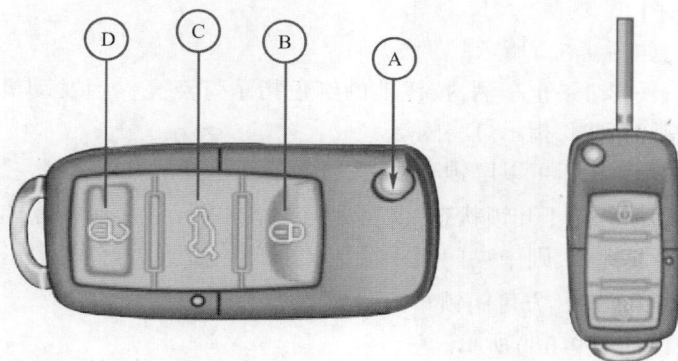

图 9-4　车门遥控钥匙
A- 展开或折叠钥匙;B- 锁止车辆;C-打开行李舱;D-解锁车辆

(一)检查操作介绍

(1)按压图 9-4 遥控钥匙上的按钮,即可打开或收起钥匙头。

(2)按压车门遥控钥匙上的 🔓 按键,即可对本车左、右车门及行李舱门进行解锁。随即用手对前、后、左、右车门及行李舱门着手打开,检查能否进行解锁确认。

(3)相反,按压车门遥控钥匙上的 🔒 按键,即可对本车左、右车门及行李舱门进行闭锁。随即检查并确认各车门闭锁情况。

(4)再次检查,按住遥控钥匙上的 🚗 按键约 1s,即可打开(轻微弹起)行李舱盖。不论是否启用了中央控制自动锁,当车速达到 10km/h 时,行李舱盖会自动锁止。打开一个车门或者在车内中央控制门锁按钮上按一下,即可解锁。

(二) 注意事项

按压遥控钥匙上的任一按键，如图 9-5 箭头所示，信号灯随之发出信号。遥控发射器

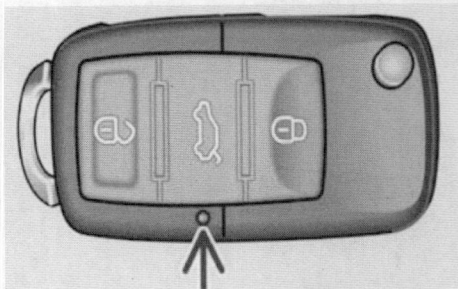

及电池集成板在钥匙内，无线接收器安装在车内。电量充足时，遥控钥匙可在距离汽车数米内起作用，若中间有障碍物或恶劣天气、电池电量不足时，遥控钥匙的遥控范围将缩小或不起作用。若有一车门没有关严，用遥控钥匙不能闭锁车门。

用遥控钥匙解锁车门后，应在 30s 内打开某一车门，否则系统将闭锁车门。该功能可防止一时疏忽按压开门键而导致车门处于开启状况，使财物丢失。

图 9-5　车门遥控钥匙

三、中央门锁、车门玻璃升降器、驾驶室内控制开启键

（1）从车外开门，如图 9-6a) 所示。

通过使用遥控器或钥匙完全解锁车辆后，拉动车门把手，打开车门。

（2）从车内开门，如图 9-6b) 所示。

拉开车门开启手柄可打开车门，此动作将解锁车辆。后车门儿童安全锁功能起作用时，不能从车内打开车门。

（3）中央门锁，如图 9-6c) 所示。

①锁止。按一下按钮锁止车辆，按钮上的红色指示灯点亮。当发动机关闭且车辆处于静止状态时，如果锁止车门，指示灯将闪烁。

②解锁。再次按下按钮可以解锁车辆，按钮上的红色指示灯熄灭。

若有一车门未关严，处于开锁状态，仪表盘的警示灯 🚗 亮并有蜂鸣器响，或有未关严的门灯、驾驶室顶灯亮起提示，则中央门锁不能闭锁车门。直到关好车门后，仪表盘的警示灯 🚗 关闭和蜂鸣器响声消失，方可闭锁车门。

（4）儿童安全锁如图 9-6d) 所示。

用于防止儿童打开后排车门发生意外而设置的。将钥匙头插入图示槽内旋转至 Ⓐ-关闭、Ⓑ-打开，即可关闭或打开儿童安全锁。打开儿童安全锁的车门，大人可以在车外打开车门，从车内不能打开车门。

（5）车门玻璃升降控制开关，如图 9-6e) 所示。

按压或向上提动相应的①②④或⑤按钮 🪟（左前、右前、左后、右后车窗玻璃）升降键，即可检查车窗玻璃的升降情况。以上 4 个按键有两个挡位位置，若按压和上提某个按键至一挡位置，并保持在一挡位置时，该车窗一直下降和上升，松开按键时，门窗立即停止下降和上升。若将以上按键短足按压和上提至二挡位置时，门窗将自动完全打开（单触打开功能）或门窗将自动完全关闭（单触关闭功能）。若门窗玻璃在上升和下降过程中，操作电动门窗按键，则门窗玻璃立即停止上升或下降。升降过程中，车窗玻璃上下运动不能有车门本身内部受阻和卡滞现象出现。否则，需进行维修。除外部物体的阻碍，那是电动车窗的防夹功能，即在关闭车窗玻璃时，玻璃上升过程中受阻，则车窗玻璃就停止并下降。目的是在关闭车窗时有效防止夹伤乘员。

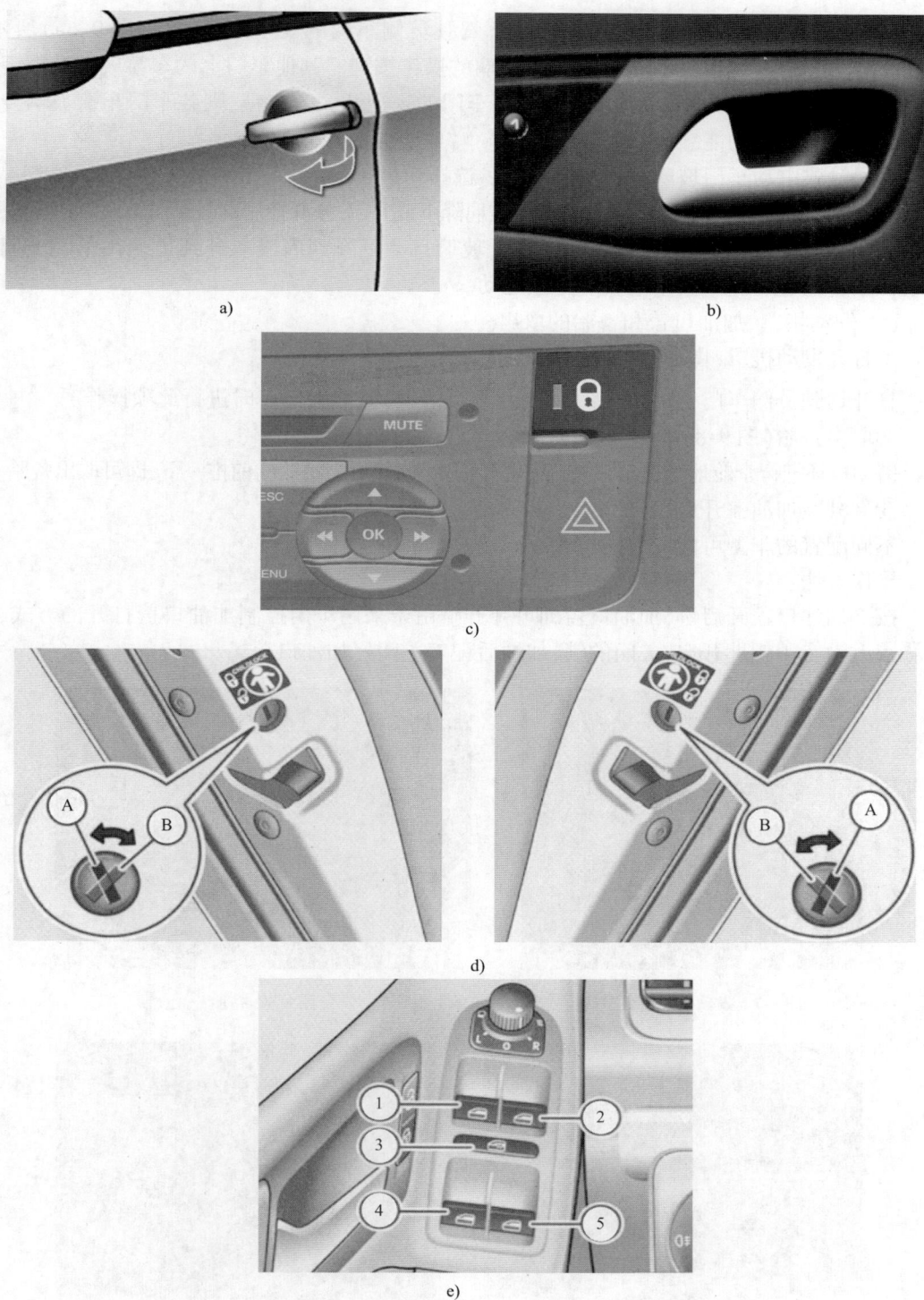

图 9-6　中央门锁、车门玻璃升降器、驾驶室内控制开启键
a)车外门把手；b)车内门把手；c)中央控制门锁；d)后车门儿童锁；e)电动车门玻璃升降器

97

①检查车窗玻璃安全开关📩。按压下驾驶员侧车门的安全开关③,如图 9-6e)所示。即锁住全车(或除驾驶员侧车门外)车窗玻璃的操作按键。其他车门上的车窗玻璃升降键就被锁住,操纵不起作用。再次按压驾驶员侧车门的安全开关③解锁,则各车门车窗玻璃升降开关即可恢复操纵功能。

②一触式电动车门玻璃有两种模式可供选择:

a. 手动模式。轻按或轻拉控制键,车门玻璃降下或升起,松开控制键时车门玻璃停止运动。

b. 自动模式。稍用力按或拉动控制键,玻璃自动下降到底或上升到顶。在车门玻璃升降过程中,再次按控制键,车门玻璃停止运动。

(6)发动机罩、加油口盖和备胎的取出。

①打开发动机罩(图 9-7)。

打开驾驶员侧车门;拉出开启手柄 Ⓐ 进行解锁(只能在停车时进行此项操作)。

②取出备胎(图 9-8)。

借助拉环把行李舱地毯提起,并折叠;解开固定带,然后把备胎向前推一下,即可取出备胎。

③驾驶室加油盖开启键(图 9-9)。

不同配置的车型可能按键的位置不同。

操作方法:

按下加油口盖开启键,加油口盖即可弹开。由于采用车内控制加油口盖打开的方式,油箱堵盖上没有用钥匙开启/关闭的锁,加油后记着关闭好加油口盖。

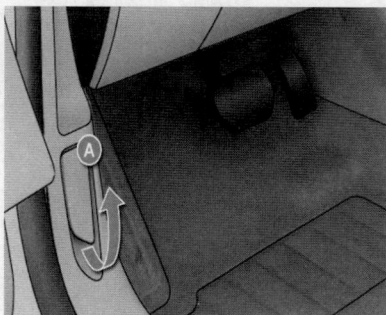

图 9-7　发动机罩开启手柄

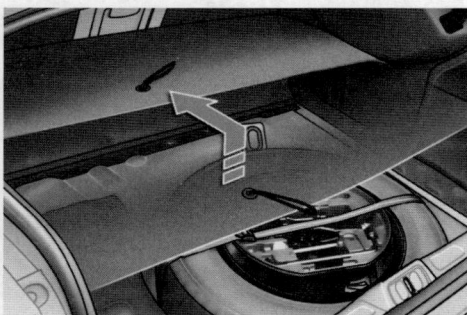

图 9-8　备胎

a)

b)

图 9-9　加油口盖开启键

四、转向盘、电动后视镜

（1）转向盘调节，如图 9-10、图 9-11 所示。

驾驶员可按自身体形调整转向盘的高度和距转向盘的距离。

图 9-10　转向盘调整位置

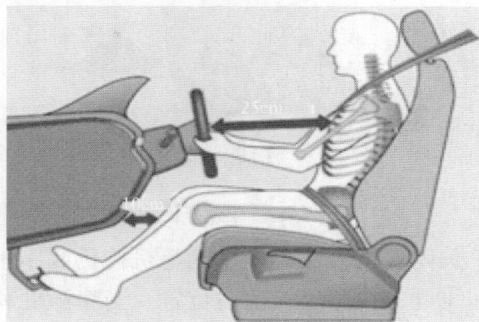

图 9-11　驾驶员与转向盘的距离

将驾驶员座椅调整至符合自己体形位置时，下压转向柱下方的锁止手柄①。

将转向盘调整至合适位置：调整转向盘，使驾驶员胸部距离转向盘 25cm；驾驶员膝关节距离仪表板最好为 10cm，如图 9-11 所示。将转向盘锁止手柄①向下推，转向盘解锁；调节好转向盘的高度和前后位置，然后把转向盘锁止手柄向上拉到底，将转向盘锁止。

注意：行驶时驾驶员的双手必须把在转向盘轮缘外侧 3 点钟和 9 点钟的位置，双手切勿掘住转向盘 12 点钟位置！或以其他姿势把掘转向盘（例如，双手把掘转向盘中央或转向盘轮缘内侧）。否则，发生事故触发驾驶员正面安全气囊时可能致使驾驶员手臂、双手和头部严重受伤！

（2）电动后视镜，如图 9-12 所示。

五、座椅、安全带、安全气囊

正确调整座椅、转向盘位置方可确保安全带和安全气囊充分发挥保护作用。

轿车一般配备 5 个座椅，前排 2 个座椅，后长排 3 个座位。每个座椅都配备有安全带。前排 2 个座椅可按驾驶员或乘员的体形来调整。

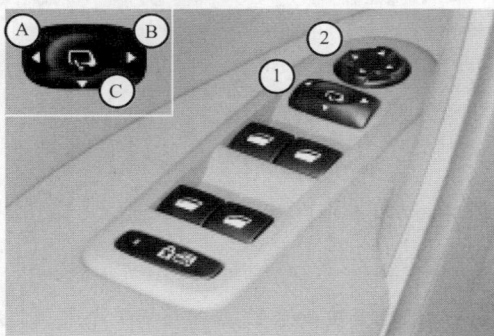

图 9-12　电动后视镜调节按钮
1-选定后视镜；2-所选后视镜的镜片方向调节按钮；
A-左侧；B-右侧；C-折叠/展开

出车前检查调整好，能让驾驶员快速便捷地操纵仪表盘上所有的操纵机构；同时能放松坐姿，不易疲劳；还可以充分发挥安全带及安全气囊的保护作用。

（一）手动座椅调节

手动座椅调节，如图 9-13 所示。

上拉①手柄，调整座椅前后位置检查，直至合适并确保固定到位；上身离开靠背，转动②、③手柄，将腰背支撑调整至合适位置；自原始位置反复上拉或下压④手柄，座椅将逐级升高或降低。

（二）电动座椅调节

电动座椅调节，如图 9-14 所示。

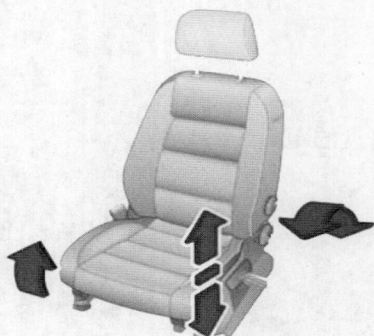

图 9-13　手动座椅

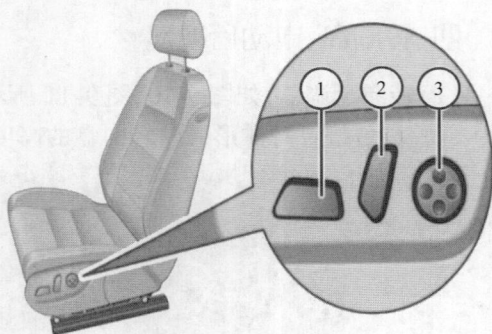

图 9-14　电动座椅控制开关

关闭点火开关后电动调整机构仍起作用。

①开关调整座椅前后位置及坐垫高度和倾斜度。

②开关可进行调整靠背角度。

③开关可进行腰背支撑调整。

(三)检查座椅加热

检查座椅加热,如图 9-15 所示。

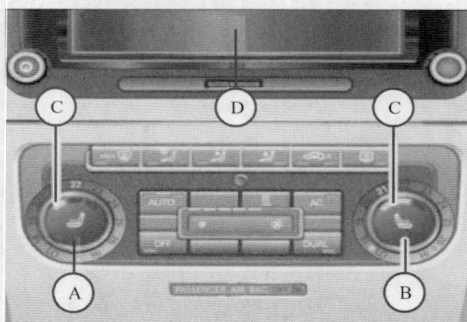

图 9-15　座椅加热开关及显示屏

左侧Ⓐ开关用于对左侧座椅加热;右侧Ⓑ开关用于对右侧座椅加热。

设定的温度等级由Ⓒ开关里的 3 个发光二极管显示。如 3 个二极管点亮,则表明加热器以最高温度对座椅加热;如无发光二极管点亮,则表明座椅加热器关闭。

若配有收音机或导向系统的车辆,则座椅设定的加热温度还可以直观地显示在导向系统Ⓓ屏幕上。

注意:为避免损坏前排座椅内的电器部件、加热部件,切记跪坐在座椅上,或对座椅某个部位施加压力。

(四)检查后排座椅翻折

检查后排座椅翻折,如图 9-16 所示。

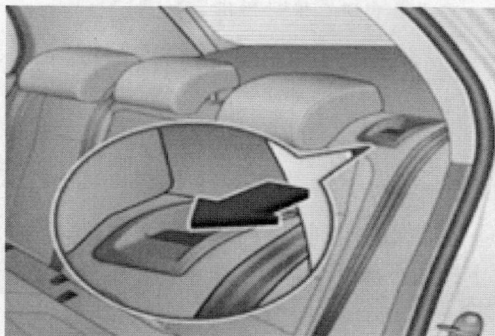

图 9-16　后排靠背与座椅分离机构翻折

后排座椅靠背为分离式靠背,如图 9-16 所示,按箭头所示方向拉靠背里的分离机构,即可将两部分分别前折。之前应尽量调低后排靠背的头枕,以免碰擦前排靠背。

后翻后排座椅靠背:

将后排座椅靠背后翻至原位,压紧锁定即可。此时,应看不到如图 9-17 所示的红色标记。

图 9-17　后排座椅靠背分离机构

(五)安全带、安全气囊

1. 安全带

(1)调节安全带位置使安全带上部从肩宽的中间部位通过[图 9-18a)]。

(2)按下按钮,将高度调节器沿所需方向滑动,即可调节安全带的高度[图 9-18a)]。

(3)通过组合仪表上指示灯Ⓐ点亮,提示驾驶员和前排乘客未系安全带。[图 9-18b)]。

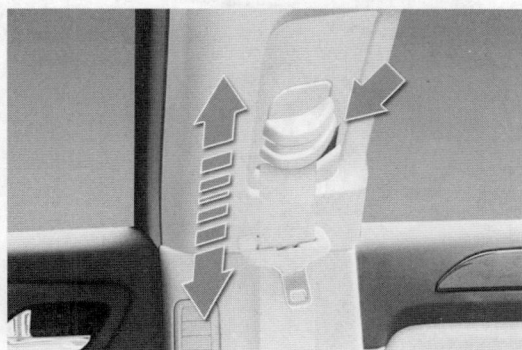

a)

b)

图 9-18　安全带及安全带未系报警灯
a)安全带;b)安全带未系报警灯

2. 安全气囊

气囊是对装备和正确使用了安全带的辅助保护。汽车装备了气囊,以便在发生严重碰撞时,能更好地保护车内乘员的安全。

图 9-19　驾驶位置记忆功能

检查仪表板安全气囊报警灯工作是否正常,检查车辆使用年限,按维护工艺查看气囊是否需要进行更换。

(六)驾驶位置记忆功能

驾驶位置记忆功能,如图 9-19 所示。

该装置可以同时记忆驾驶员座椅、外后视镜与空调的设置,它可以记忆两个驾驶员(不同身材)的驾驶位置参数。

（1）位置记忆：打开点火开关；调整驾驶员的座椅、外后视镜和空调；按 M 键，然后在 4s 内按 1 或 2 键。可听到声音信号，表明已储存。储存一个新位置，则会取消原来的储存设置。

（2）提取记忆位置：点火开关开启或发动机运行时，按下按钮 1 或 2 键，提取对应的记忆位置。之后，驾驶位置等将处于所设置的状态。

如果当点火开关打开时，在按键 1 和 2 之间来回连续按动几个回合，该功能将被取消以避免蓄电池放电。直到发动机起动后，记忆信息又恢复。

六、驾驶室

（一）驾驶台一

驾驶台一如图 9-20 所示。

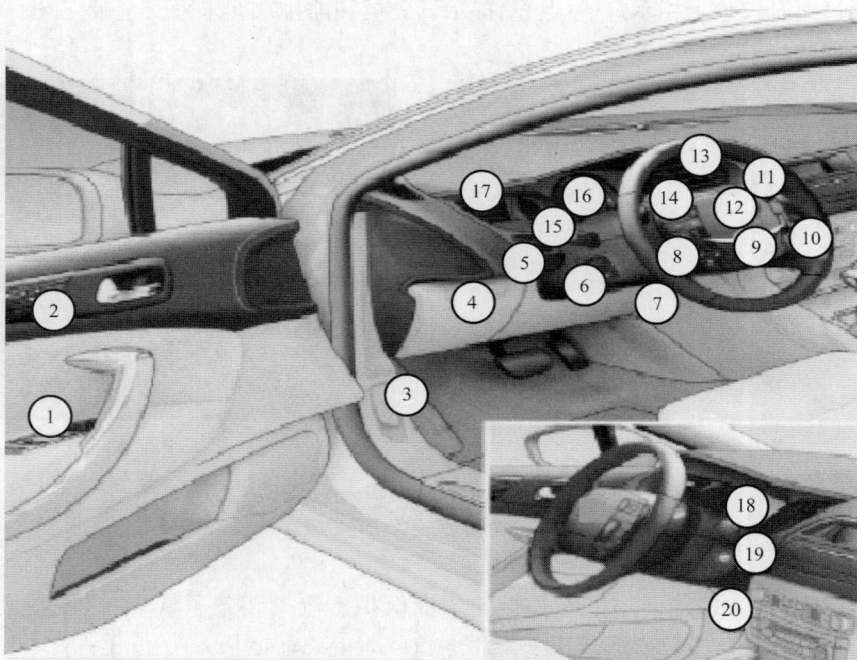

图 9-20　驾驶台一

①-玻璃升降器、后视镜、儿童安全锁按钮；②-驾驶员座椅、空调和外后视镜调节的记忆；③-发动机罩解锁手柄；④-储物盒（熔断丝盒盖板）；⑤-报警日志/防撬锁报警/泊车车位测量；⑥-前照灯高度手动调节；⑦-转向盘调节锁止手柄；⑧-定速巡航和限速器按钮；⑨-喇叭；⑩-导航、音响和通信系统在转向盘上的按钮；⑪-导航、音响和通信系统中的浏览查看滚轮；⑫-驾驶员气囊；⑬-驾驶员送风口（右）；⑭-组合仪表显示屏的浏览查看滚轮；⑮-照明灯/转向灯/雾灯/语音控制开关；⑯-组合仪表；⑰-驾驶员送风口（左）；⑱-刮水器/洗涤器组合开关；⑲-防盗点火开关；⑳-电子稳定程序开关（ESP）/泊车辅助系统/油箱盖电动开关

（二）驾驶台二

驾驶台二如图 9-21 所示。

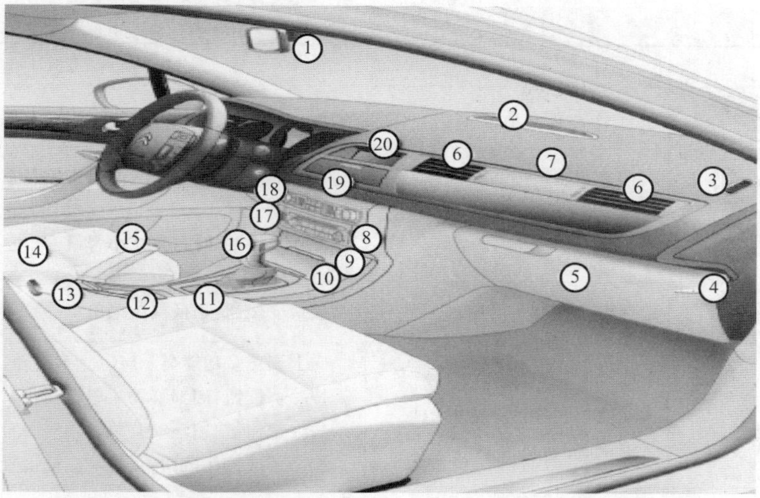

图 9-21　驾驶台二

①-车内后视镜；②-日照传感器；③-侧窗玻璃除雾送风口；④-杂物箱冷/热风送风口；⑤-杂物箱(随车文件存放处、音频-视频接口)；⑥-乘员送风口；⑦-乘员气囊；⑧-中央控制门锁按钮/危险信号灯按钮；⑨-票据盒；⑩-带点烟器的烟灰缸；⑪-自动变速器的运动/雪地模式按钮；⑫-茶杯座；⑬-USB 接口；⑭-前扶手；⑮-手制动操纵杆；⑯-变速杆；⑰-音响或多媒体导航系统；⑱-空调控制面板；⑲-中央杂物盒；⑳-多功能显示屏

(三) 驾驶台三

功能转向盘,如图 9-22 所示,各按键功能见表 9-1。

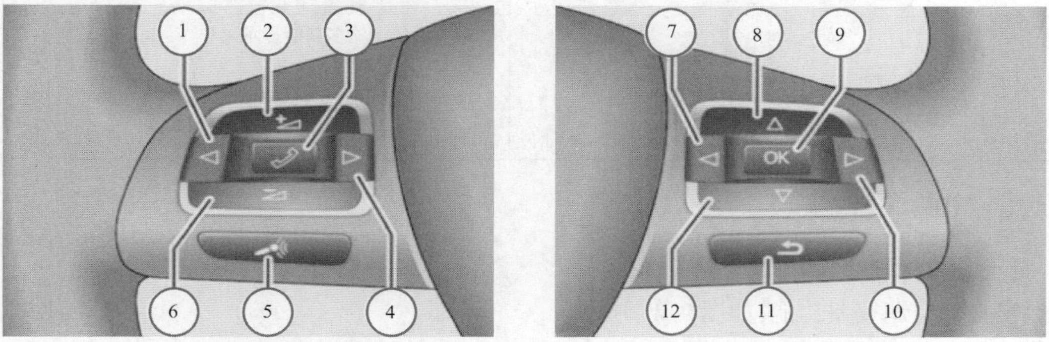

a)　　　　　　　　　　　　　　　　　b)

图 9-22　中央集控转向盘

a)中央集控转向盘左侧:电话和音响系统操作元件;b)中央集控转向盘右侧:组合仪表菜单操作元件

中央集控式转向盘操作表　　　　　　　　　　　　　表 9-1

序　号	符　号	用　途	功　能
①	 ◁	音响、导航系统	按一下或按住按钮:系统响应该设置
②	 ＋／－	音响、导航和电话	按一下或按住按钮:增大音量
③	 📞	电话	按一下按钮:进入电话菜单;接听和结束通话;通过菜单拨打电话。 按住按钮:拒听电话

序 号	符 号	用 途	功 能
④	▷	音响、导航系统	按一下或按住按钮:系统响应该设置
⑤	◀)	语音控制系统	按一下按钮:关闭和激活语音控制系统
⑥	◢	音响 导航/电话	按一下或按住按钮:减小音量
⑦	◁	组合仪表显示菜单	按一下按钮:切换到主菜单上一菜单项
⑧	△	多功能显示屏; 组合仪表显示屏菜单; 音响、导航系统	向上浏览多功能显示屏 按一下按钮:向上移动菜单选择条。 按住按钮:快速滚动菜单。 按一下或按住按钮:系统响应该设置
⑨	OK	多功能显示屏; 组合仪表显示菜单确认; 音响、导航系统	按一下按钮:在存储器1和2中切换。 按住按钮:删除当前存储器内的数据。 按一下按钮:选择当前的菜单项,确认当前显示屏的报警或文本信息。 按一下或按住按钮:系统响应该设置
⑩	◁	组合仪表显示菜单	按一下按钮:切换到下一菜单项
⑪	↵	组合仪表显示菜单	按一下按钮:返回上一层菜单
⑫	▽	多功能显示屏; 组合仪表显示菜单; 音响、导航系统	向下滚动浏览多功能显示菜单 按一下按钮:向下移动菜单选择条。 按住按钮:快速滚动菜单。 按一下或按住按钮:系统响应该设置

七、空调、组合仪表

(一)半自动空调按钮功能

半自动空调按钮功能,如图9-23所示。

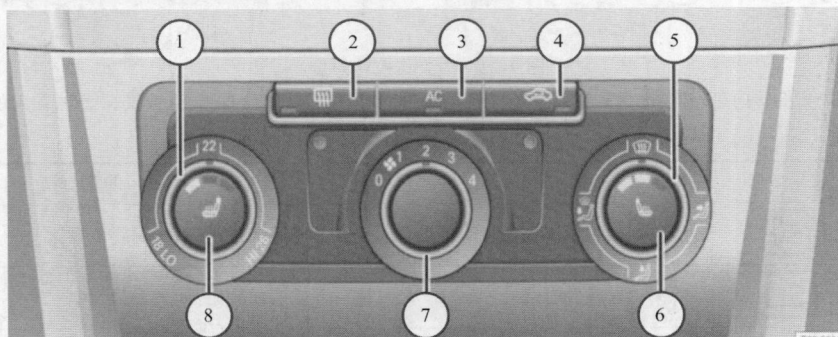

图9-23 半自动空调系统开关面板

发动机处于运转状态且空调鼓风机打开时空调系统(鼓风机)方能工作。如图9-23所示,用旋钮开关①⑤和⑦可设定温度,调节送风方向和鼓风机转速。如需打开或关闭某项功能,则可按压按钮②③和④。启动某项功能时,按钮内的指示灯点亮。

其中,①为温度选择开关。

②按钮 [▦]:用于打开和关闭后风窗加热器。发动机运转时后风窗加热器方可起作用,打开后风窗加热功能约 10min 后系统自动关闭加热器,也可按压该按钮提前关闭加热器。

③按钮 [AC]:用于打开制冷系统(压缩机)。打开空调系统时,按钮内的指示灯随之点亮。

④按钮 [◯]:用于打开或关闭空气内循环运转模式。

⑤空气分配调节旋钮:可按需要用该按钮调节送风方向。

——▦空气送往前风窗,至车外吸入的空气直接吹入前风窗。如空调系统以空气内循环模式运转时除霜效果不佳,一旦启动除霜功能,系统立即关闭空气内循环运转模式。

——▨空气送往乘员身上。

——▨空气送往脚坑。

——▨空气送往前风窗和脚坑。

⑥按钮 [▤]:用于打开和关闭右前座椅加热器。

⑦鼓风机旋钮开关:鼓风机转速设有 4 挡。鼓风机应以最低挡速运转,确保将新鲜空气稳定送入驾驶室内。

⑧按钮 [▤]:用于打开和关闭左前座椅加热器。

（二）自动空调系统操纵机构

自动空调系统操纵机构,如图 9-24 所示。

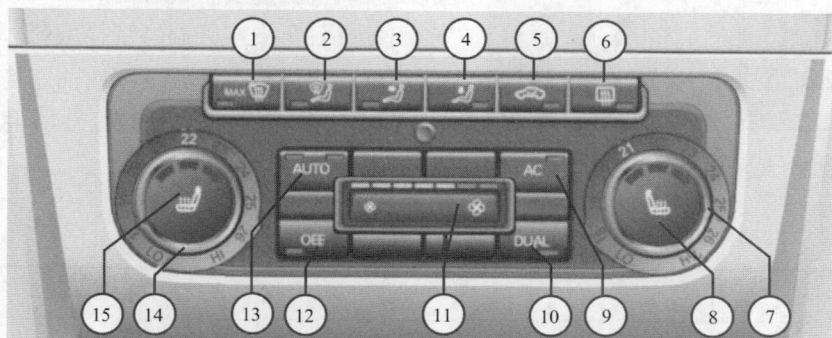

图 9-24　自动空调系统操作机构

车内驾驶员侧和前排乘员侧的温度可分别进行调节。

发动机处于运转状态且空调鼓风机打开时空调系统(鼓风机)方能工作。旋钮开关和按钮里面的发光二极管点亮,表示某项功能已被激活,装有导向系统显示屏的,在显示屏上也会显示空调系统的相关信息。按压其中的某个按钮可打开相应的功能。启动某功能后,相应按钮内的指示灯点亮。再按一次某按钮即可关闭该功能,相应按钮内的指示灯熄灭。

用温度选择旋钮⑭或⑦可分别调节驾驶员侧或前排乘员侧的温度。

①按钮 [▦]:用于启动和关闭前风窗除霜(雾)功能,至车外吸入的空气直接吹入前风窗和侧窗,因空气内循运转模式不能有效去除前风窗上的霜(雾),系统自动关闭开启空气内循环运转模式 。温度高时制冷系统(压缩机)自动启动(如当时处于关闭状态),同时鼓风机以

最高挡转速运转,快速吹干车内空气,去除前风窗和侧风窗上的霜雾或其上的冰雪。

②按钮 :空气吹向上方。

③按钮 :空气送往乘员身上。

④按钮 :空气送往脚坑。

⑤按钮 :启动或关闭空气内循环模式。

⑥按钮 :启动或关闭后风窗加热器。发动机运转时后风窗加热功能方起作用,按压该按钮即可启动后风窗加热功能,同时按钮内的指示灯点亮。约 10min 后后风窗加热器自动关闭,也可按压该按钮提前关闭加热器。

⑦按钮:车内右侧温度选择旋钮。

⑧按钮 :打开或关闭右前座椅加热器。

⑨按钮 AC :打开或关闭制冷系统(压缩机)。打开空调系统按钮 AC 内的指示灯随之点亮。

⑩按钮 DUAL :若按钮内的指示灯点亮,表示可对车内左右侧的空气状态作不同设定。按下按钮,按钮内的指示灯熄灭,设定的车内左侧温度同样适用于车内右侧;如再按一次该按钮,或操作车内右侧温度旋钮⑦,则可重新设定车内左右两侧的温度,按钮内的指示灯再次点亮。

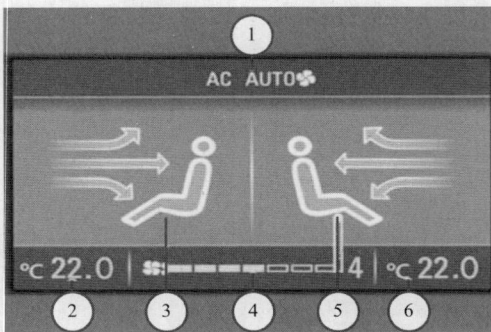

图9-25 自动空调系统信息显示

⑪按钮 :鼓风机转速调节旋钮。

⑫按钮 OFF :打开或关闭自动空调系统。

⑬按钮 AUTO :用该按钮可自动调节车内温度、鼓风机转速及空气分配。

⑭按钮:车内左侧温度选择旋钮。

⑮按钮 :打开或关闭左前座椅加热器。

(1)自动空调系统的相关信息显示,如图9-25所示。

彩色显示屏形式空调系统符号含义,见表9-2。

彩色显示屏形式空调系统符号   表9-2

符　号	功　能
前风窗除霜功能
空气内循环运行模式,空气自动内循环运行模式
后风窗加热
AUTO	AUTO Low 功能,AUTO High 功能
AC	空调运行模式
DUAL	DUAL 运行模式

其中,②车内左侧温度;③车内左侧空气分配状态或左侧座椅加热等级;④鼓风机转速挡;⑤车内右侧空气分配状态或右侧座椅加热等级;⑥车内右侧温度。

(2)空调通风口,如图9-26所示。

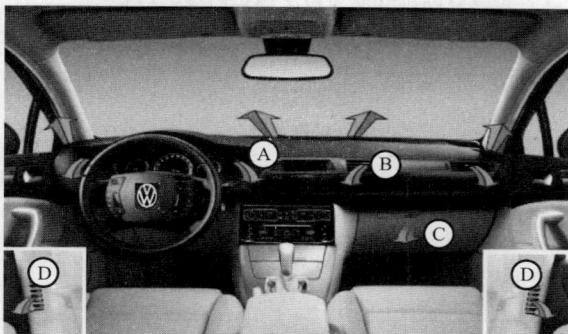

图9-26 空调通风口

其中,A 日照传感器;B 送风口为仪表板前面的送风口,对前座空气进行优化分配,该系统可提供令人舒适的气流,同时保持车内的最佳温度;C 杂物箱冷/热风供给;D 后排座送风口。

向上转动滚轮,打开送风口;向下转动滚轮,关闭送风口。

注意:(1)车外温度和湿度都很高时,空气中的水分将凝集在制冷系统冷凝器上,形成水滴,从蒸发器上滴下,致使车下集水,此属于正常现象,不表明系统泄漏。

(2)前风窗前部的空气进气口应畅通无阻,不能被冰、雪和树叶堵塞,确保正常采暖和制冷,防止前风窗凝集雾气。

(3)车窗和天窗都关闭后系统方可发挥最大效率,但若经烈日照射车内很热时则应打开车窗散热,加快车内制冷。

(4)若怀疑空调系统存在故障,应立即关闭空调系统,避免空调进一步损坏。及时送特约维修站修理,维修空调系统必须具有相关专业知识和专用工具。

(5)空调以空气内循环模式工作时,切勿在车内吸烟,因制冷系统至车内吸入的烟雾会沉积在空调蒸发器和粉尘滤清器上,空调系统工作时将产生持久不散的异味。

(三)组合仪表

警报灯、指示灯的组合仪表,如图9-27所示。

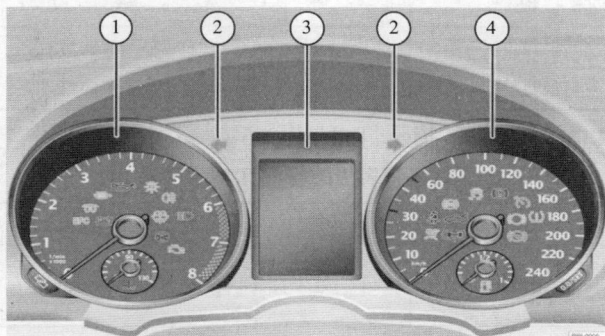

图9-27 警报灯、指示灯的组合仪表布置图

(1)①发动机转速表里的警报灯、指示灯,见表9-3。

发动机转速表里的警报灯、指示灯   表9-3

符　　号	名　　称	含　　义
EPC	发动机功率电子控制	发动机管理系统(汽油发动机)发生故障,应速到公司特别许经销商处检修系统
	充电指示灯	发电机发生故障或不充电时点亮;提醒驾驶员注意:现在是蓄电池供电
	机油压力报警灯	此灯点亮,表示发动机机油压力不足(打开电门钥匙至启动时点亮除外)或无机油
	动态弯道照明灯	点亮:灯泡失效或动态弯道照明灯故障(AFS) 闪亮:动态弯道照明灯故障(AFS)
	后雾灯	表示后雾灯点亮(雾天),以警示后面车辆勿追尾
	远光灯	表示远光灯点亮
	风窗清洗液指示灯	表示风窗清洗液储液罐液面过低
	助力转向灯	电动-机械转向系统的助力效率降低
	助力转向灯	电动-机械转向系统的助力功能失效
	发动机电控系统灯	此灯点亮,表示发动机电控系统内出现故障,应尽快排除故障(启动时亮3~4s后熄灭属正常)
	冷却系统故障灯	发动机冷却液温度过高或液面过低。需停车,待冷却后方可检查冷却液液位

(2)②转向信号灯,见表9-4。

转　向　信　号　灯   表9-4

符　　号	名　　称	含　　义
⇐	左转向灯	左侧转向灯点亮
⇒	右转向灯	右侧转向灯点亮

(3)④车速里程表里的警报灯、指示灯,见表9-5。

车速里程表里的警报灯、指示灯   表9-5

符　　号	名　　称	含　　义
	车门开启指示灯	车门处于打开状态,需检查并确认所有车门是否关好
	安全带指示灯	提醒驾驶员佩戴安全带

符　号	名　称	含　义
	行李舱门灯	行李舱处于打开状态
(ABS)	防抱死制动系统(ABS)指示灯	防抱死制动系统(ABS)发生故障
	电子稳定程序(ESP)指示灯	闪亮:电子稳定程序(ESP)处于正常调节状态。 点亮:ESP发生故障或已关闭
(!)	驻车制动指示灯	已施加手制动
(!)	制动系统故障指示灯	制动系统发生故障; 制动液液面低报警
	车速巡航控制系统(CCS)灯	车速巡航控制系统(CCS)在调节车速
	制动衬片磨损报警灯	制动衬片磨损报警灯,为了安全,速更换
	提示驾驶员施加脚制动灯	提示驾驶员施加脚制动(自动变速器或DSG双离合器变速器)
	燃油油位过低指示灯	燃油油位过低(备用区)
	安全气囊指示灯	安全气囊系统发生故障
	安全带指示灯	安全带收紧器发生故障

(4)组合仪表,如图9-28所示。

图9-28　组合仪表

①-时钟调整按钮;②-发动机转速表;③-发动机冷却液温度表;④-多功能显示屏(MFD);⑤-燃油表;⑥-车速表;⑦-单程里程计数器回零按钮和时钟调整按钮

①发动机转速表,如图9-29所示。

发动机转速表指示发动机每分钟的转数(每大格表示1000r/min)。

图9-29箭头所指红色区表示发动机在所有挡位下的最高允许转速(不能持续处于转速),但发动机必须经正常磨合并达到正常工作温度时方可以此高转速短时运转(及时换入高挡有助于节省燃油和降低发动机运转噪声)。

②发动机冷却液温度表,如图9-30所示。

图9-29 发动机转速表

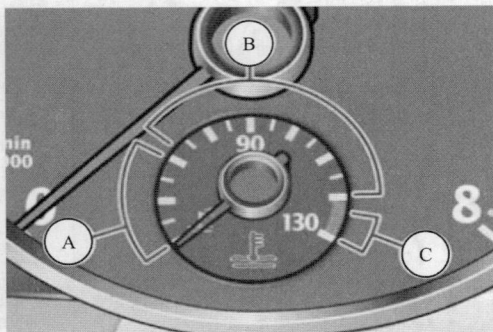

图9-30 发动机冷却液温度表

发动机冷却液温度表用于指示发动机冷却液温度。

指针处于低温区Ⓐ:避免发动机高转速高负荷运转。

指针处于正常温度区Ⓑ:正常行驶条件下指针应处于表盘中央区域。

图9-31 燃油表

指针处于警报区Ⓒ:若指针进入该区域,警报灯⊥立即点亮。此外组合仪表显示屏上会显示一条信息。这时应停车,关闭发动机,待温度下降后检查。

③燃油表,如图9-31所示。

高尔夫轿车的燃油箱容量为55L。

燃油表指针达到箭头所指备用区域时,显示屏内的警报灯⛽即点亮。组合仪表显示屏上会显示一条文字信息,提示车主及时添加燃油。此

时燃油箱内尚剩7L燃油。组合仪表内燃油表底部加油泵符号⛽▶旁的小箭头表示燃油箱盖在车的那一侧。

④调整时钟,如图9-32所示。

图9-32 时钟的调整按钮

时间显示在组合仪表盘显示屏上。

组合仪表显示屏显示时间,并且在无其他显示内容时,方可进行时间的调整。利用按钮 ⊡ 和 0.0/SET 进行调整或用显示屏菜单里的"设置"调整。按下 ⊡ 按钮,组合仪表显示屏显示小时项。按下 0.0/SET 按钮,小时显示增加一小时;长按,小时数目快速增加。设定好小时项后,按下 ⊡ 按钮,组合仪表显示屏显示分钟项。按下 0.0/SET 按钮,分钟显示增加一分钟;长按,分钟数目快速增加。最后按下 ⊡ 按钮,时钟调整完成。

⑤组合仪表显示屏,如图9-33所示。

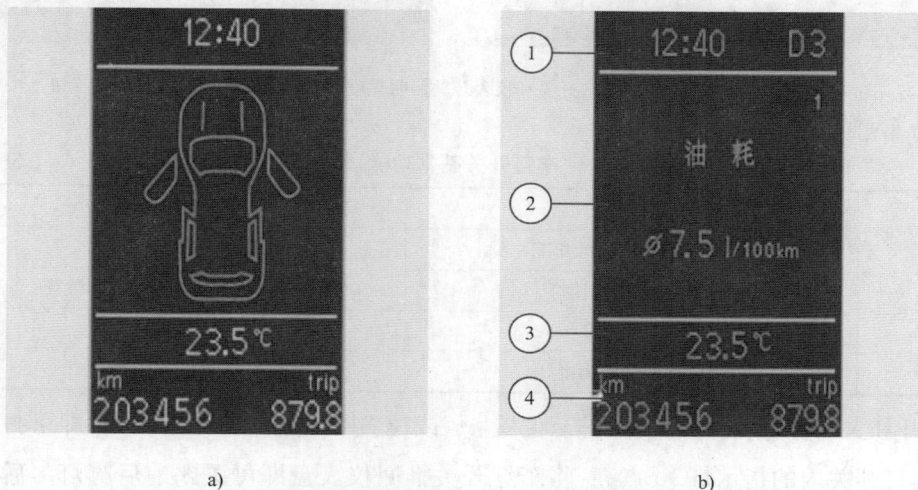

图9-33　组合仪表显示屏
a) 显示屏显示车门打开状态;b) 多功能显示屏

显示区除显示汽车各系统信息外还可显示时间、总里程、单程里程及自动变速器变速杆挡位。

①罗盘(导航系统)、时钟、自动变速器或 DSG 双离合器挡位显示区。

②可选或自动显示区:多功能显示(MFD)/信息及警告文本(发生故障时,显示屏将显示相应故障警报符号和警报/信息文本)。

③可选或自动显示区:例如显示第二种车速(不同单位车速)。

④里程显示区域:左侧记录总里程数目;右侧记录自上次清零后汽车的行驶距离,最后一位表示100m。长按清零按钮⑦,即可将单程里程清零。

若点火开关打开后和汽车行驶中系统持续对某些汽车部件及功能进行检测。若发生功能故障,显示屏将显示警报符号和警报/信息文本,某些情况下系统还可能发出声响警报(根据配置的组合仪表而定)。

八、照明开关、刮水开关

(一) 照明开关

照明开关,如图9-34所示。

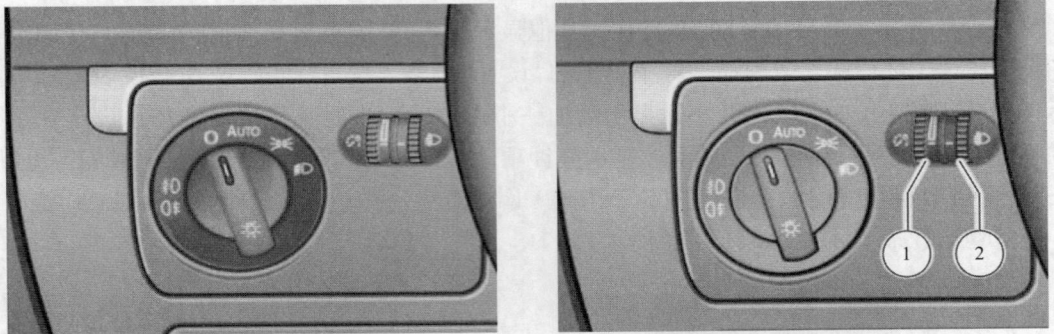

图 9-34　车灯、前照灯、前后雾灯开关和仪表开关照明亮度调节旋钮及前照灯照程调节旋钮

（1）车灯开关基本功能，见表 9-6。

车灯开关基本功能　　　　　　　　　　　　　　　　　　　　　表 9-6

符　　号	点火开关关闭	点火开关打开
0	关闭前照灯和侧边灯	
AUTO	可打开定向照明灯	打开前照灯自动控制装置
≣D0≣	打开侧边灯	打开侧边灯
≣D	关闭前照灯和侧边灯	打开前照灯和侧边灯

打开和关闭雾灯：将车灯开关拧至位置 ≣D0≣ 或位置 ≣D，然后将开关拉出，即可打开前后雾灯，车灯开关内的指示灯 ≣D 点亮；将车灯开关推回仪表盘即可关闭前后雾灯。后雾灯对后随车辆有较强的炫目作用，因此，能见度极差的情况下可使用后雾灯。

前照灯自动控制功能 AUTO：若前照灯自动控制功能开关处于打开状态，汽车行驶进入隧道或较暗的路段时，光敏传感器自动打开前照灯近光灯。

（2）前照灯照程调节旋钮上的标定值大致对应下例汽车负载状况，见表 9-7。

调节旋钮上的标定值对应的汽车负载状况　　　　　　　　　　　表 9-7

序　　号	点火开关处于打开状态
一	前排座椅有人，行李舱空载
1	汽车满员，行李舱空载
2	汽车满员，行李舱满载。牵引低负载挂车
3	仅有驾驶员，行李舱满载。牵引满载挂车

若实际负载与表 9-7 不符，则可将旋钮置于某个中间位置。

①指仪表和开关照明亮度调节旋钮：打开前照灯后即可按需要用旋钮调节仪表和开关照明灯的亮度。

②用前照灯照程调节旋钮：可按汽车负载调整前照灯照射范围。避免前照灯对迎面车辆产生炫目作用，正确调整的前照灯可为驾驶员照清前方道路，提供最佳视野。打开近光灯后方可调整前照灯照程。自基准位置"一"向下旋转旋钮②，降低前照灯光束。

（3）危险警报灯，如图 9-35 所示。

发生紧急情况时用危险警报灯可引起其他道路使用者的注意，避免引发交通事故。

①遇到下列情况时应打开危险警报灯：

交通堵塞，汽车处于车流末端时；遇到紧急情况时；因技术故障汽车抛锚时；牵引另一量汽车或被汽车牵引时。

打开危险警报灯后，所有转向信号灯同时闪亮，组合仪表里的两个转向信号指示灯⇦⇨以及危险信号开关内的指示灯⚠也同时闪亮。关闭点火开关后危险警报灯仍可工作。

打开点火开关和危险警报灯后汽车被牵引时转向信号灯仍可使用。按所需转向打开转向灯时，信号灯点亮，此时，危险信号灯不再闪亮。一旦关闭转向信号灯开关，危险信号灯立即闪亮。（长时间使用危险信号灯将消耗蓄电池电量。）

②危险警报灯应急自动报警功能。

如在车速高于60km/h时完全踩下制动踏板或ABS系统进入工作状态时系统将自动打开危险警报灯，以便警示后随车辆，避免引发事故。此后，汽车加速行驶以高于40km/h的时速继续行驶，危险警报灯自动关闭。

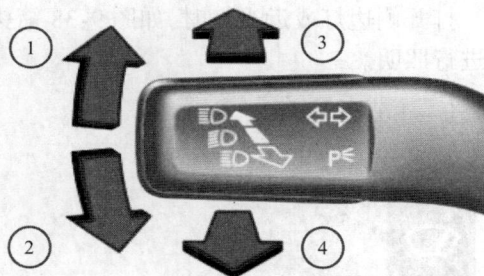

（4）转向信号灯/前照灯远光操纵杆，如图9-36所示。

图9-35　危险警报灯开关按钮　　　　图9-36　转向信号灯/前照灯远光操纵杆

该操纵杆也可用于操控驻车信号灯及前照灯闪光器。

转向信号灯：打开点火开关，拨到①箭头方向，即打开右转向灯；拨到②箭头方向，即打开左转向灯。仪表盘内相应的转向指示灯⇦⇨随之闪亮。

变换车道闪光信号：沿图示箭头①或②方向向上拨操纵杆至阻尼点，然后松开操纵杆，即打开变换车道闪光功能，转向信号灯闪亮3次，对应的转向指示灯随之闪亮。

打开和关闭前照灯远光灯：将车灯开关拧至▤◖位置沿图示③箭头方向推动，即可打开前照灯远光灯，仪表盘里的指示灯▤◖随之也点亮；向后拉操纵杆即可关闭。打开前照灯近光灯后方能打开前照灯远光灯，同时仪表盘里的前照灯远光指示灯▤◖点亮。

（5）前照灯闪光器。

沿图9-36箭头④方向，随转向盘方向拉操纵杆即可打开前照灯闪光灯。

打开驻车信号灯：关闭点火开关，自中间位置上拨或下推操纵杆，即可分别打开右侧或左侧驻车信号灯。

（6）车内前部照明灯，如图9-37所示。

打开车内前部照明灯⚹：按压翘板开关符号⚹按钮，可持续打开车内前、后部的车内灯。

关闭车内照明灯 0：按压翘板开关符号 0 按钮，可持续关闭车内前、后部的车内灯。

打开/关闭阅读灯 ：按压相应的符号 按钮，即可打开/关闭阅读灯。

(7)背景照明灯，如图9-38所示。

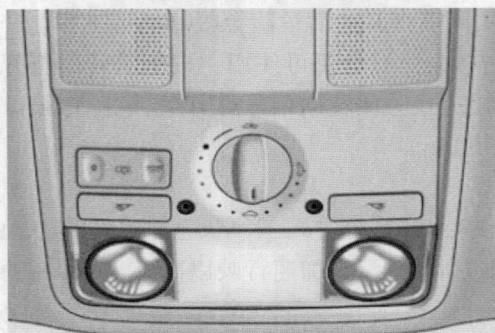

图9-37　前部车内照明灯开关

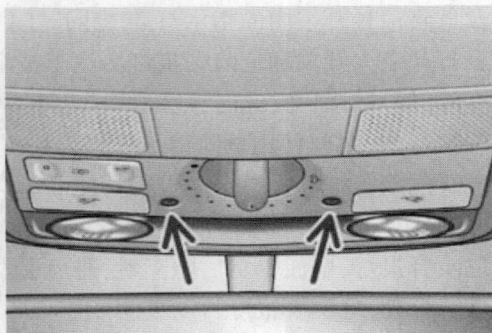

图9-38　背景照明灯

打开侧边灯或近光灯时，如图9-38箭头所示，背景照明灯同时打开，自上而下对副仪表板进行照明。

(二)刮水开关

刮水开关，如图9-39所示。

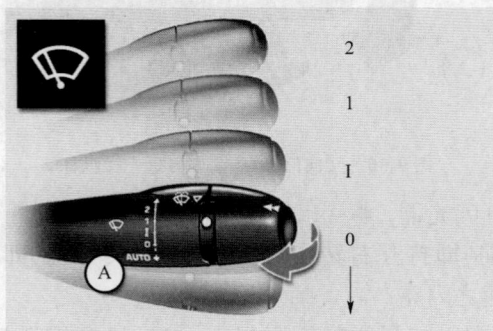

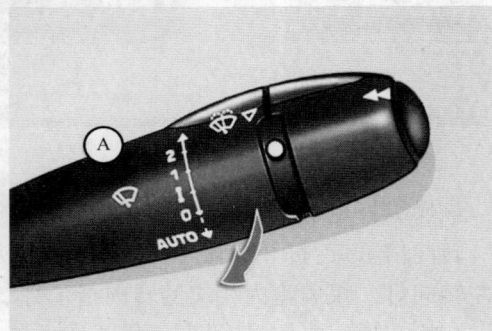

图9-39　刮水开关

1.风窗玻璃刮水器

Ⓐ刮刷速度选择开关：2 指快速(大雨)；1 指正常(中雨)；I 指间歇(与行车速度成正比例)；0 指停止；↓指仅刮刷一次(向下按压)。

2.自动刮水

车内后视镜后方装有雨水传感器，当感应到雨水时，即使驾驶员不采取任何操作(自动刮水功能激活时)，风窗玻璃刮水器也会自动开启，并根据降雨强度调节刮水器刮刷速度。

九、驾驶员侧、前排中央储物箱、储物箱制冷与其他检查

(一)驾驶员侧储物箱、前排中央储物箱

(1)按下分离按钮，如图9-40a)所示箭头拉拉手，即可打开杂物箱盖。相反，推上即关

闭。按图9-40b)箭头所示方向即可打开储物箱盖,下推即关闭储物箱。

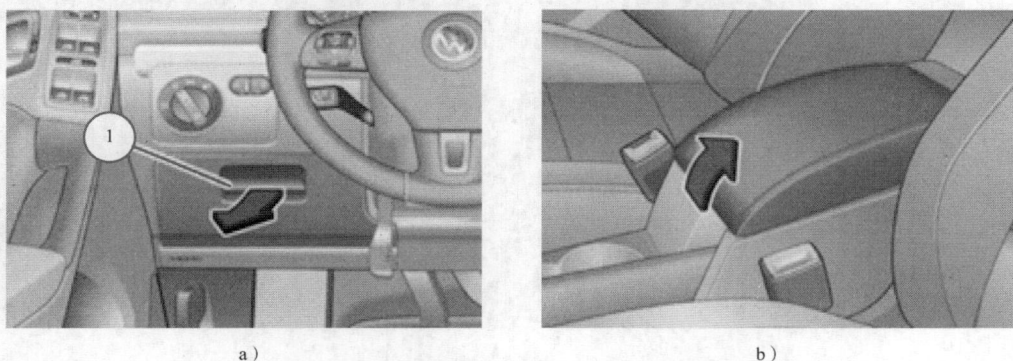

图9-40　驾驶员侧储物箱、前排中央储物箱

(2)车内顶棚眼镜盒、前排乘员侧储物箱,如图9-41 所示。

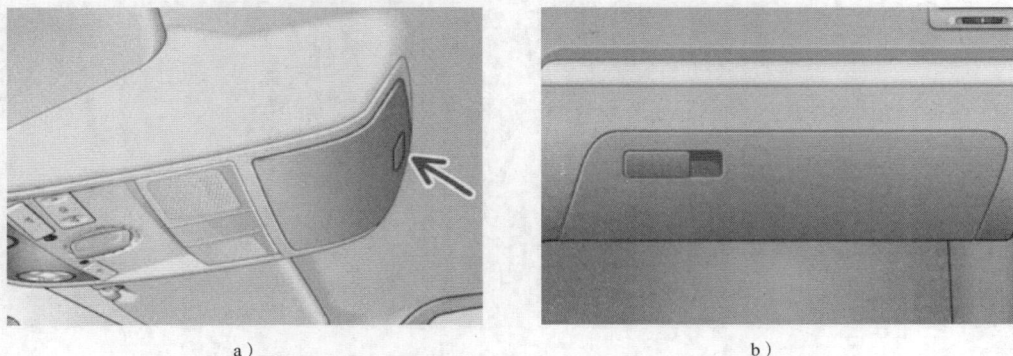

图9-41　车内顶棚眼镜盒、前排乘员侧储物箱

按图9-41a)所示箭头方向按压盖板,盖板自动打开。关闭时上推盖板卡定即可。外拉拉手即可打开储物箱,上推即可关闭储物箱盖,如图9-41b)所示。

(3)储物箱制冷,如图9-42 所示。

处于打开状态的前排乘员杂物箱:Ⓐ——随车文件存放格;Ⓑ——空调冷风出风口。

储物箱后面板上有一出风口Ⓑ,如图9-42所示。打开空调系统后,冷风即可吹入储物箱内,旋转出风口即可打开和关闭出风口。

(二)其他储物设施

前后车门内饰板上的储物盒;中间门柱和后部顶棚上的把手处的挂衣钩。

图9-42　储物制冷箱

注意:行李舱盖板上存放的坚硬物品可能与后风窗加热丝或天线碰擦,损坏加热丝或天线。

(1)前排座椅中间的副仪表盘上设有两个饮料杯架,如图9-43a)所示。

将拧紧杯盖的饮料杯置于杯架里,然后上下移动开瓶器,直至开瓶器卡住饮料瓶为止,如图9-43b)所示。

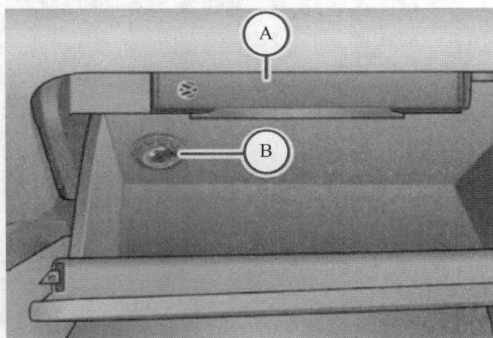

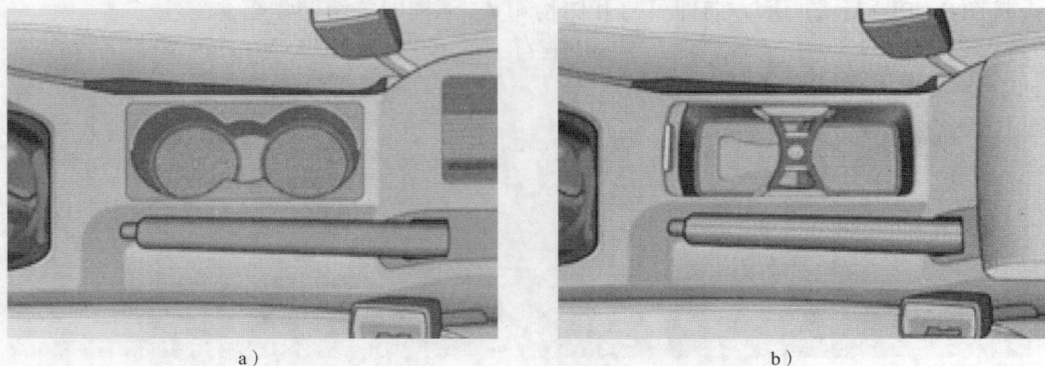

a)   b)

图9-43   前排打开的储物盒、饮料杯架

（2）副仪表盘后端饮料杯架，如图9-44所示。

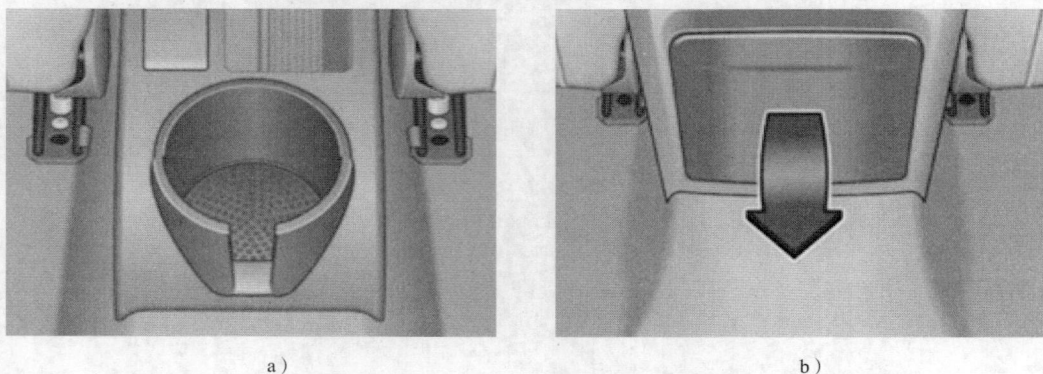

a)   b)

图9-44   副仪表板后端开放式、伸缩式饮料杯架

如图9-44b)箭头所示，下翻即可打开饮料杯架。上翻即可关闭，扣牢即可。

（3）烟灰盒及点烟器，如图9-45所示。

按压烟灰盒盖，弹起盖板。将点火开关打开后，压下点烟器，待数秒后点烟器自动弹出，拔出点烟器，即可在发红的电热丝点烟，如图9-45所示。

（4）三角警示牌。三角警示牌放置于行李舱地板下面，如图9-46所示，车辆发生故障时备用。

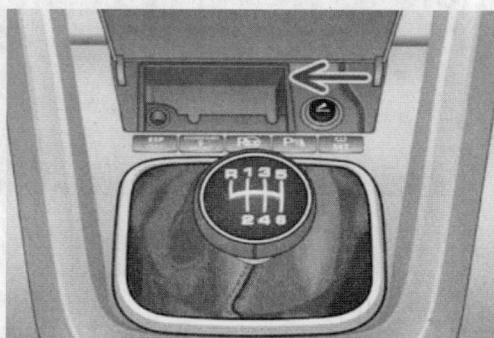

图9-45   烟灰盒及点烟器

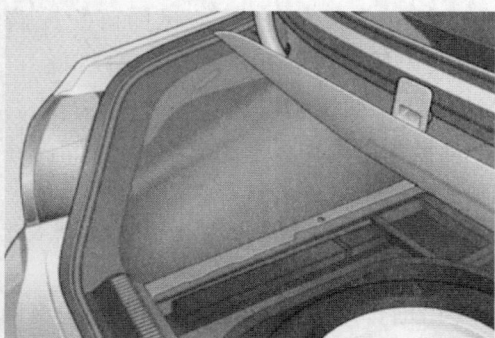

图9-46   放三角警示牌的位置

（5）行李舱盖板、固定环，如图9-47所示。

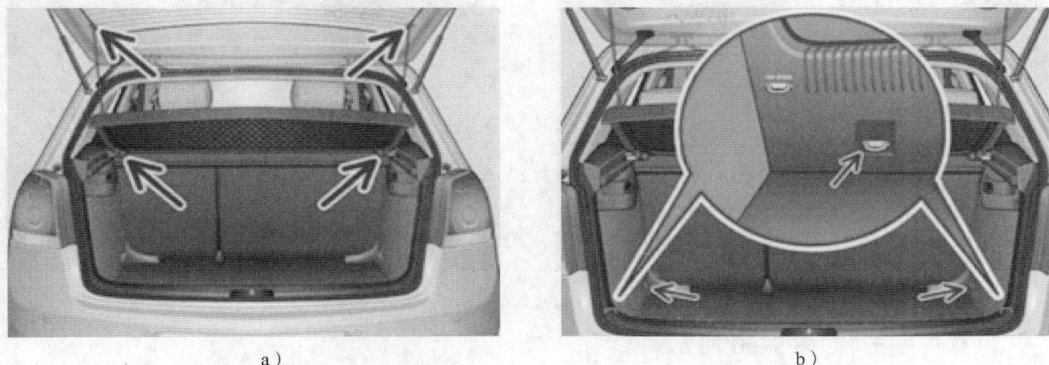

a)　　　　　　　　　　　　　　　　b)

图9-47　拆装行李舱盖板、固定环

打开行李舱盖时行李舱盖板随之自动抬起。在运载大宗货物时，可按图9-47a)箭头所示拆卸盖板。

行李舱内设有4个用于固定行李的固定环，如图9-47b)箭头所示。装载货物时，必须用绳索固定牢靠，方可安全。

十、内饰

汽车内饰件只是一些辅助性的零配件，但它们要承担起减振、隔热、吸音和遮音等功能，对汽车的舒适性起到十分重要的作用。

（一）内饰检查

内饰检查的项目：转向盘、座椅、地板、车内篷壁。

1. 转向盘检查

转向盘检查，如图9-48所示。

转向盘的检查项目有外表损坏和脏污、松动和晃动、自由行程、自锁功能等。

2. 座椅检查

汽车座椅由坐垫、靠背、侧背支撑、头枕等组成，它们具有一定的表面形状，坐垫和靠背的外形曲线应与人体放松状态下的背部曲线相吻合，乘员入座后座椅的表面形状与体压分布能使乘员的肌肉处于最放松的状态，能支撑到腰椎部位，不会因血液循环不良而引起肢体麻木，长时间乘坐不易感到疲劳。通过对座椅的前后上下、

图9-48　转向盘

靠背的倾斜角度、头枕前后上下等位置的有限调节，可以使大部分人处于舒适状态。

关于汽车座椅，我们分织物座椅和真皮座椅两类来介绍。

（1）织物座椅，如图9-49所示。

117

仔细点看一下座椅上有没有"香烟洞"之类的烫伤

座椅上的一些细节有时同样也能直观反映出这台车被使用的时间

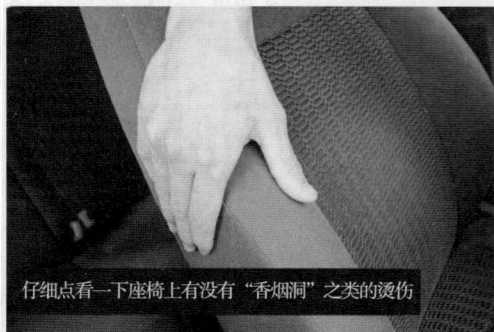

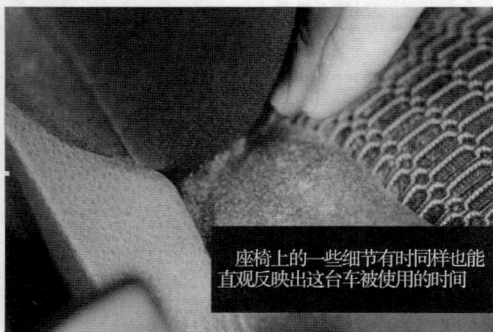

图 9-49　织物座椅

（2）真皮座椅，如图 9-50 所示。

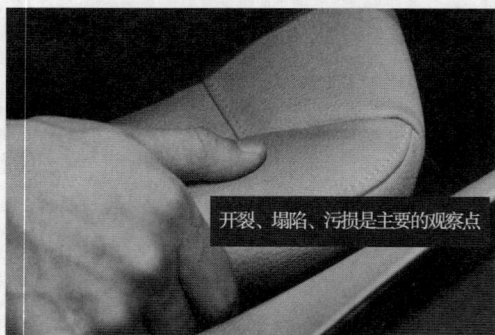

开裂、塌陷、污损是主要的观察点

图 9-50　真皮座椅

如果驾驶室进了水，座椅前后滑动的轨道大多会生锈，可以将座椅推到驾驶室最后部，以便查看轨道上是否有锈迹。

3.地板检查

汽车地毯的主要制作材料多为合成革或毛毯，现在越来越多的汽车开始采用毛毯制作的地板，其形状与汽车地板形状相配，背面自带衬垫。对于不带衬垫的地毯必须另行制作衬垫，然后将其粘贴到地板上。缺点是一旦有脏物、污渍留在上面，将很难清理。因此，可以在地板上面铺一层防水、易擦洗的脚垫，这样既能保持车内整洁又可起到保护地毯的作用。在进行地板检查时，应检查地板下面是否有潮湿现象。

4.车内篷壁检查

车内篷壁主要为汽车顶衬（也称车顶篷或顶子）及里子板等部分。篷壁的种类、式样和颜色较多，由各种不同的面料制成，结构也随着车型的不同而各异。但现在多为皮革或合成纤维制品。在篷壁蒙皮与车体之间附有隔热层，该隔热层不仅有助于调节温度，而且还可降低车内噪声。车顶间隙处的隔热材料填充得越多、越厚，开车时所能听到的噪声也就越小。在篷壁上还会有顶灯、门控灯开关，以及遮阳板、天窗等，都要一一检查。对于有天窗的顶篷，天窗衬板必须能够灵活拉动，并且密封性良好。

思考与练习

一、填空题

1. 中央门锁按钮：按一下按钮锁止车辆，按钮上的红色指示灯＿＿＿＿＿。当发动机关闭且车辆处于静止状态时，如果锁止车门，指示灯将＿＿＿＿＿。

2. 儿童安全锁电动控制开关是由驾驶员控制是否禁止后排座乘员从车内＿＿＿＿＿后车门和进行玻璃＿＿＿＿＿的操作。

3. 儿童安全锁电动控制开关为单独使用＿＿＿＿＿，与中央控制门锁机构无关。

4.座椅总成由_____、_____及_____组成,通过对它们的调节可达到最佳行驶舒适度。

5.汽车内饰件只是一些辅助性的零配件,但它们要承担起_____、_____、吸音和_____等功能,对汽车的舒适性起到十分重要的作用。

6.转向盘的检查项目有_____、_____、_____、_____等。

二、判断题

1.车门遥控钥匙的功能有展开或折叠钥匙、锁止车辆、解锁车辆和打开油箱盖。(　　)

2.按下中央门锁按钮解锁车辆时,按钮上的红色指示灯点亮。(　　)

3.座椅只能调节左右、靠背倾角和高度几个方向的调节。(　　)

4.驾驶员座椅记忆功能可同时记忆驾驶员座椅位置和外后视镜位置。(　　)

5.安全气囊可以起爆两次。(　　)

三、简答题

1.写出电动车门玻璃升降操作模式与过程。

2.组合仪表常见的报警指示灯有哪些?

项目十　灯光检查维护

学习目标

完成本项目学习后,你应能:

　　1. 正确识别汽车外部车灯和内部灯;

　　2. 正确识别出汽车各个灯光指示灯符号;

　　3. 熟知汽车灯光的检查方法、流程和注意事项;

　　4. 双人配合检查汽车内外照明、信号、警告、指示灯光。

建议学时

　　6 学时。

　　第一个汽车前照灯是家用手提灯。1887 年,一个驾驶员在黑暗的旷野上迷路时,一位农民用手提灯把他送回家。1898 年,哥伦比亚号电动汽车把电用于前灯和尾灯,这样车灯就诞生了。汽车车灯发展到现在,从功能和性能上都已经非常成熟了。及时维护车辆灯具对驾驶者至关重要,因为这不仅影响到行车的舒适性,而且还直接关系到行车的安全性。通常在得到提醒之前,车主很难意识到前照灯、尾灯、转向灯或驻车灯已经不能正常进行工作。

一、外部车灯

　　外部车灯是保证车辆安全行驶的必备灯具,根据其功能的不同,可分为车外照明灯和车外信号灯两部分。

　　车外照明灯按其功能的不同可分为前照灯、前雾灯、牌照灯及倒车灯,它们能够保证车辆在不同的行驶环境下为驾驶员提供良好的照明,其中倒车灯既是照明灯又兼有信号灯的功能,如图 10-1 所示。

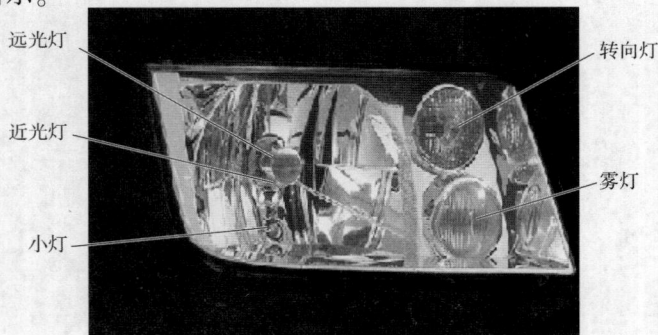

图 10-1　车外照明灯和信号

车外信号灯按其功能的不同可分为转向灯、危险报警灯、制动灯、日间行车灯、驻车灯、后雾灯及倒车灯。在不同的行驶环境下,它们能有效提醒前后车辆及行人的注意,保证行驶的安全性。

（一）前照灯

前照灯又叫前大灯,装于汽车头部两侧,用于夜间行车道路的照明。有两灯制和四灯制之分。由于前照灯的照明效果直接影响夜间行车驾驶的操作和交通安全,因此,世界各国交通管理部门多以法律形式规定了其照明标准。

目前车辆中所使用的前照灯主要有卤素前照灯和高强度气体放电前照灯两种类型。为了更好地提高行驶安全性,自适应前照灯已被广泛运用到车辆中,它由车身控制模块或前照灯控制模块控制,可根据车辆的运行状态信息自动调整灯光的照射角度。

组合前照灯是将前照灯、小灯（日间行车灯）及转向灯集成在一起的总成件,灯泡一般可以独立更换,如图10-2所示。这种形式的组合前照灯其外观更趋于美观化,与流线型的车身更好地融在一起,同时也便于维护和更换。

图10-2 组合前照灯及开关
a)组合前照灯;b)前照灯开关

（二）日间行车灯

日间行车灯如图10-3所示,其作用是使车辆在日间行驶时更容易被人认出来。它的功效不是为了使驾驶员能看清路面,而是为了让别人知道有一辆车开过来了。因此这种灯具不是照明灯,而是一种信号灯。

（三）驻车灯和牌照灯

驻车灯是在汽车配置有驻车灯的条件下,在临时停车熄火时对车辆、路人等周边环境起安全提醒作用的警示灯,以提示汽车位置,如图10-4所示。

图10-3 日间行车灯

a)

b)

图 10-4　前驻车灯和后驻车灯
a)前驻车灯；b)后驻车灯

牌照灯是夜间或者天色比较暗的时候和示宽灯一起打开的用以照亮牌照的灯,如图 10-5 所示。

图 10-5　牌照灯

（四）转向灯

转向灯是表示车辆动态信息的主要信号装置,它安装于车辆前后两侧,如图 10-6 所示。当车辆转弯时会发出交替的闪光信号,提醒前后车辆及行人其车辆的行驶方向。灯光为琥珀色,灯泡功率一般为 20W,并要求在白天时前后灯距 100m 以外可见,侧转向灯距 30m 以外可见。

a)

b)

图 10-6　转向灯及开关
a)转向灯；b)转向灯开关

(五)危险警告灯

危险警告灯工作时会同时闪烁所有的转向灯,用以提醒其他车辆及行人注意,本车发生了特殊情况请注意避让。在行驶中如遇到浓雾且能见度低于50m时,由于视线不好,除开启前、后雾灯外,还应该开启危险警告灯,以提醒过往车辆及行人的注意,特别是提醒后方行驶的车辆,保持安全的行驶距离。危险警告灯开关如图10-7所示。

(六)制动灯

制动灯安装于车辆的两侧,用于指示车辆的制动或减速信号,如图10-8所示。两侧制动灯应与车辆的纵横线对称并在同一高度上。现代车辆通常采用LED制动灯,灯光为红光,且保证白天距100m以外可见。

图10-7　危险警告灯开关

图10-8　制动灯

(七)倒车灯

倒车灯安装于车辆尾部两侧,如图10-9所示。用于倒车时的后方道路照明及警告其他车辆和行人,灯光为白色。

(八)雾灯

雾灯安装于汽车的前部和后部,如图10-10所示。用于在雨雾天气行车时照明道路与安全警示。防雾灯分前雾灯和后雾灯。前雾灯一般为明亮的黄色,后雾灯则为红色。后雾灯的标志和前雾灯有一点区别,前雾灯标志的灯光线条是向下的,后雾灯的是平行的,一般位于车内的仪表控制台上。由于防雾灯亮度高、穿透性强,不会因雾气而产生漫反射,所以正确使用能够有效预防事故的发生。在有雾的天气,前后雾灯通常是一起使用的。

图10-9　倒车灯

a)

b)

图 10-10　雾灯及开关
a)雾灯;b)雾灯开关

二、内部车灯

汽车内部车灯主要包括顶灯(阅读灯)、遮阳板灯、仪表灯、门控灯及行李舱灯等。它们除了起到车内基本的照明之外,还具有提醒警示灯的功能。在一些高配置的车辆上还增加了一种起到装饰作用的车内氛围灯,其颜色通常为红色、蓝色或绿色等,主要是使车厢在夜晚时显得更加绚丽。

(一)顶灯(阅读灯)

顶灯,也叫阅读灯,在车内光线不足时,能提供给乘坐人员足够的亮度,便于车内阅读之用,同时又不会影响驾驶员的正常驾驶,如图 10-11 所示。

(二)化妆镜灯

化妆镜灯安装于驾驶员和乘客侧头部前上方的遮阳板上,并装配有化妆镜,如图 10-12 所示。在打开镜面挡板的同时灯光开关被触发,点亮化妆镜灯。

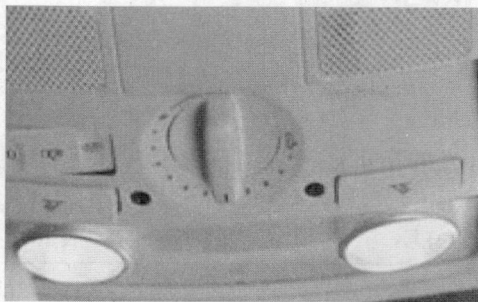

图 10-11 阅读灯

图 10-12 化妆镜灯

(三) 仪表照明灯

仪表照明灯,用来照明仪表,以便夜间(光线较暗)行车时驾驶员能够看清楚仪表指示信息。车辆的仪表指示灯有 ABS 指示灯、EPC 指示灯、O/D 挡指示灯、安全带指示灯、电瓶指示灯、机油指示灯、油量指示灯、水温指示灯、发动机指示灯、驻车制动器指示灯、远光指示灯、转向指示灯、前后雾灯指示灯以及车辆故障指示灯等。仪表照明灯如图 10-13 所示,仪表照明灯亮度调节开关如图 10-14 所示。

图 10-13 仪表照明灯

图 10-14 仪表照明灯亮度调节开关

(四) 门控灯

门控灯(也叫照地灯)通常安装于每个车门内侧饰板的底部,如图 10-15 所示。其作用是提示后面车辆及行人注意避让。当车门开启时,门控灯亮起。

(五) 行李舱灯

行李舱灯是为行李舱提供照明的小灯。人性化装置,在打开行李舱盖时,行李舱内自动点亮一个灯照明,以方便取物。行李舱灯如图 10-16 所示。

图 10-15 门控灯

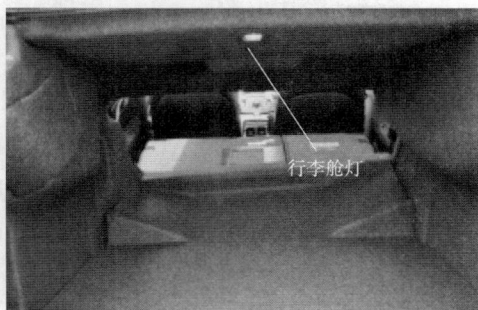

图 10-16 行李舱灯

三、汽车灯光指示灯符号及其检查方法

(一)汽车灯光指示灯的认识

在进行车辆灯光检查时必须要会识别各个灯光的指示灯符号,所以现将汽车灯光指示灯符号列在表10-1中。

汽车灯光指示灯符号　　　　　　　　　　　　　　表10-1

指　示　灯	说　　明
小灯(示宽灯)	用来显示车辆示宽灯的工作状态,平时为熄灭,当示宽灯打开时,该指示灯点亮,关闭时也同时熄灭
近光灯	用来显示车辆近光灯的工作状态,随近光灯打开和关闭,指示灯也点亮和熄灭
远光灯	用来显示车辆远光灯的工作状态,随远光灯打开和关闭,指示灯也点亮和熄灭
左转向灯	用来显示车辆左转向灯的工作状态,随左转向灯打开,指示灯也点亮,并一直在闪烁和发出嗒嗒的响声,等转向盘回正后自动熄灭
右转向灯	用来显示车辆右转向灯的工作状态,随右转向灯打开,指示灯也点亮,并一直在闪烁和发出嗒嗒的响声,等转向盘回正后自动熄灭
前雾灯	用来显示车辆前雾灯的工作状态,随前雾灯打开和关闭,指示灯也点亮和熄灭
后雾灯	用来显示车辆后雾灯的工作状态,随后雾灯打开和关闭,指示灯也点亮和熄灭
危险警告灯	用来显示车辆危险报警灯的工作状态,随危险报警灯打开和关闭,指示灯也点亮和熄灭,在点亮时也会闪烁

(二)汽车灯光的检查

汽车灯光检查包括小灯(示宽灯)、近/远光灯、前/后雾灯、左/右转向灯、制动灯、倒车灯、危险警告灯、牌照灯等灯光的检查。对以上这些灯光检查时,我们需要从两个方面去检查。

(1)外观检查。检查灯光安装是否牢固可靠、到位;外壳有无划痕、污染、破损等现象;反光镜有无老化、脱落等现象;内部是否有进水现象等。

（2）工作情况检查。通过操纵灯光开关，检查灯光和指示灯是否正常工作。

在灯光检查过程中需操作检查的位置为灯光组合开关、制动踏板、变速杆、前/后组合灯和仪表盘等，如图10-17～图10-22所示。

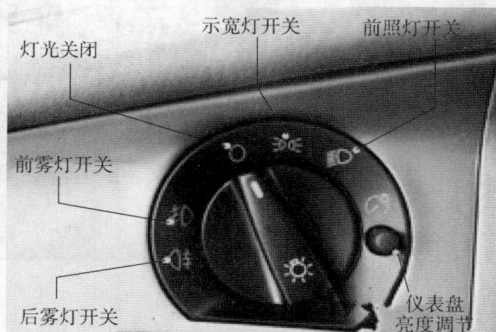

图10-17　灯光组合开关

图10-18　前照灯组件

图10-19　后照灯组件

图10-20　仪表盘

图10-21　制动踏板

图10-22　换挡杆

1. 小灯/牌照灯的检查

检查方法：将灯光组合开关旋转至小灯挡，检查车外的小灯是否点亮，仪表盘上的小灯指示灯是否点亮。在检查车辆后方小灯时就可以同时检查牌照灯是否点亮了。检查方法如图10-23所示。

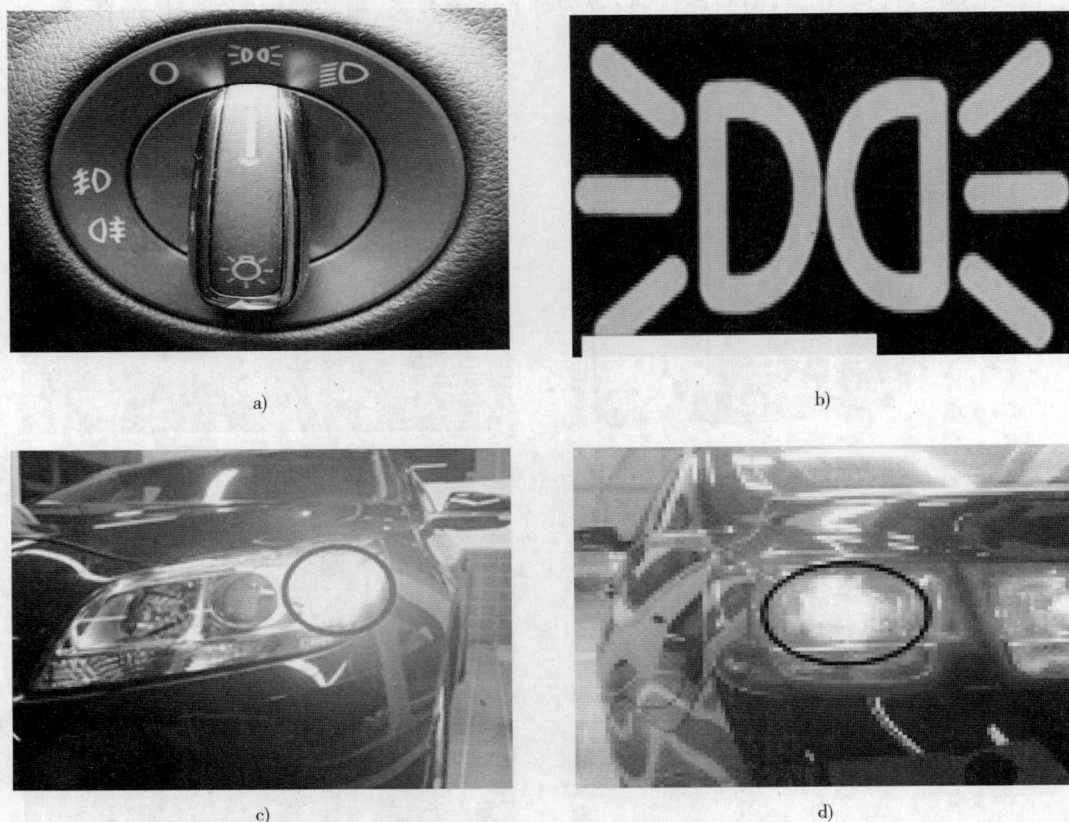

图 10-23 小灯的检查

a)打开小灯开关;b)小灯指示灯点亮;c)前部小灯点亮;d)后部小灯点亮

2.近光灯检查

将灯光组合开关旋转至近光灯挡,检查车外的近光灯是否点亮,发光强度、光束照射方向是否正常,仪表盘上的近光灯指示灯是否点亮。检查方法如图 10-24 所示。

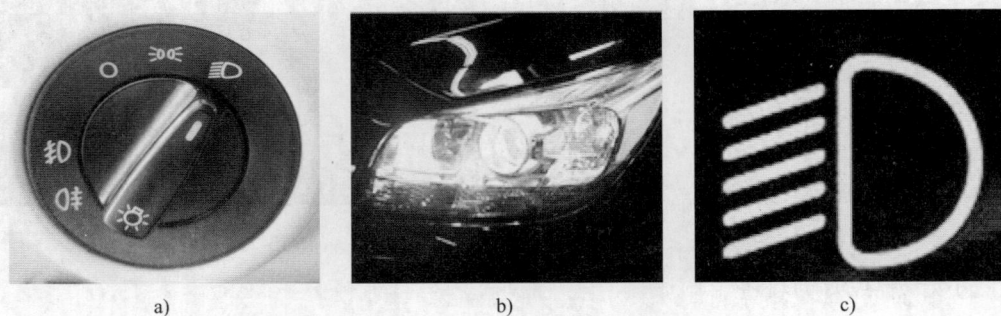

图 10-24 近光灯检查

a)打开近光灯开关;b)近光灯点亮;c)近光灯指示灯点亮

3.远光灯的检查

在打开近光灯基础上,向发动机方向抬起转向盘侧的灯光组合开关拨杆,检查车外的远光灯是否点亮,发光强度、光束照射方向是否正常,仪表盘上的远光灯指示灯是否点亮。检查方法如图 10-25 所示。

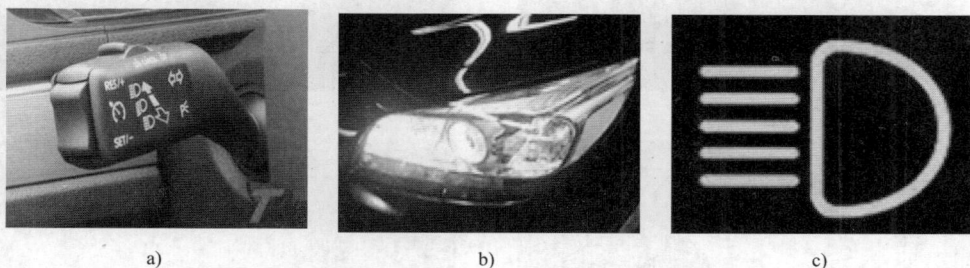

图 10-25　远光灯的检查
a)打开远光灯开关;b)远光灯打开;c)远光灯指示灯点亮

4.前雾灯的检查

将灯光组合开关旋转至前雾灯挡,检查车外的前雾灯是否点亮,仪表盘上的前雾灯指示灯是否点亮。检查方法如图 10-26 所示。

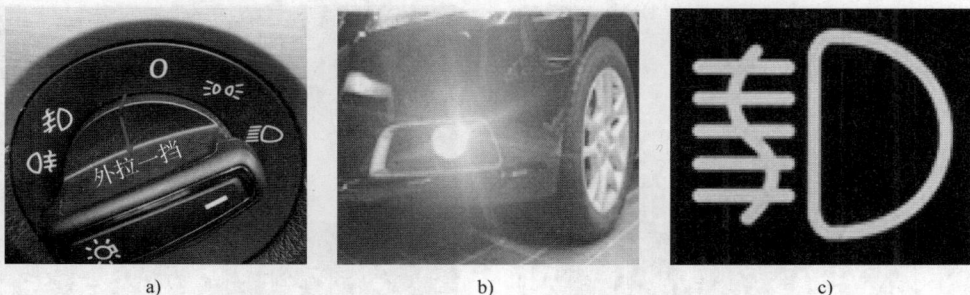

图 10-26　前雾灯的检查
a)按下前雾灯按钮;b)前雾灯点亮;c)前雾灯指示灯点亮

5.左转向灯的检查

将转向盘侧的灯光组合开关拨杆向下压,检查车外的左转向灯是否点亮并闪烁,仪表板上的左转向灯指示灯是否点亮。同时向左转动转向盘,然后又把转向盘回正,当转向盘回正后拨杆应自动回正、指示灯应自动熄灭。检查方法如图 10-27 所示。

6.右转向灯的检查

将转向盘侧的灯光组合开关拨杆向上抬起,检查车外的右转向灯是否点亮并闪烁,仪表盘上的右转向灯指示灯是否点亮。同时向右转动转向盘,然后又把转向盘回正,当转向盘回正后拨杆应自动回正、指示灯应自动熄灭。检查方法如图 10-28 所示。

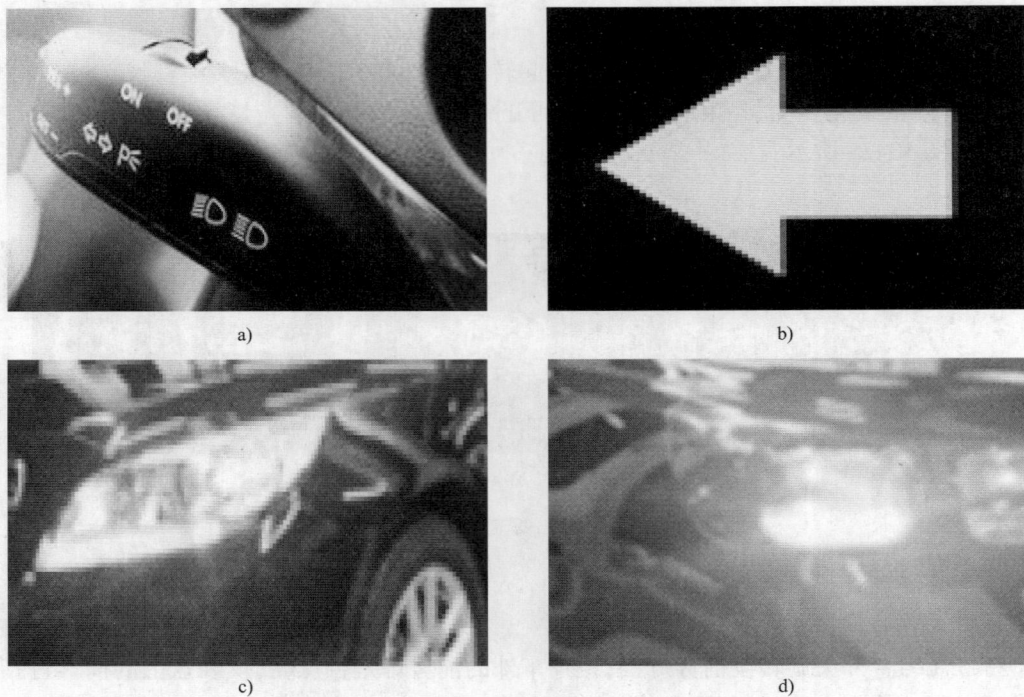

图 10-27　左转向灯的检查

a) 向下按压转向开关; b) 左转向灯指示灯闪烁; c) 前部左转向灯闪烁; d) 后部左转向灯闪烁

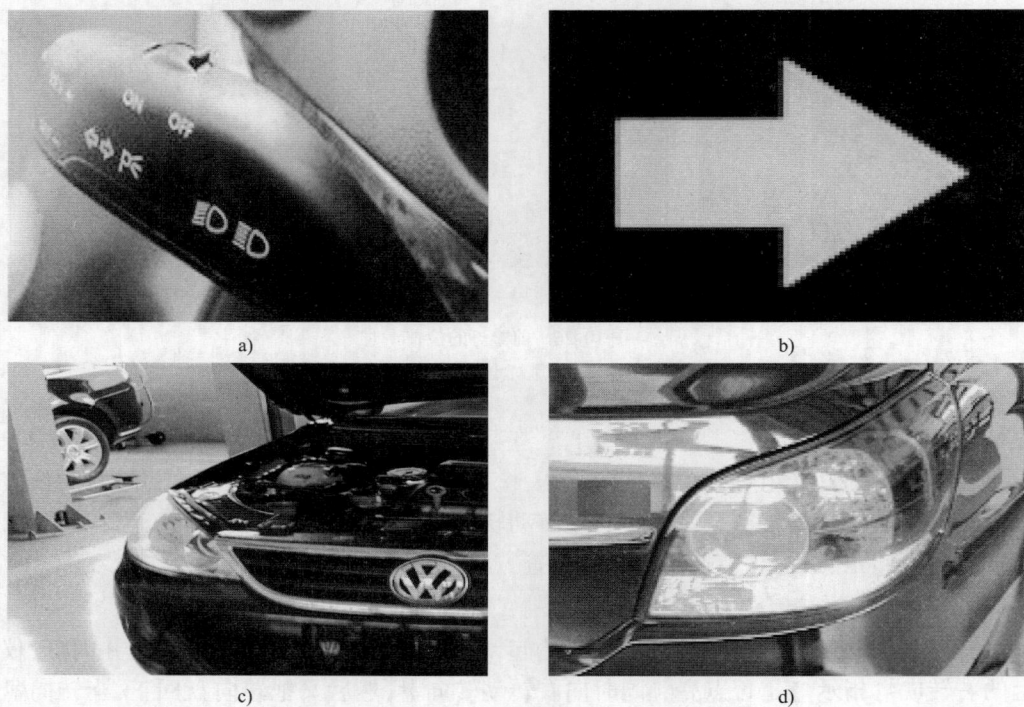

图 10-28　右转向灯的检查

a) 向上抬起转向开关; b) 右转向灯指示灯闪烁; c) 前部右转向灯闪烁; d) 后部右转向灯闪烁

7.危险报警灯的检查

将仪表台中央的危险报警灯的红色按钮按下,按钮应闪烁,此时转向指示灯全部闪烁,外部转向灯全部闪烁。检查方法如图 10-29 所示。

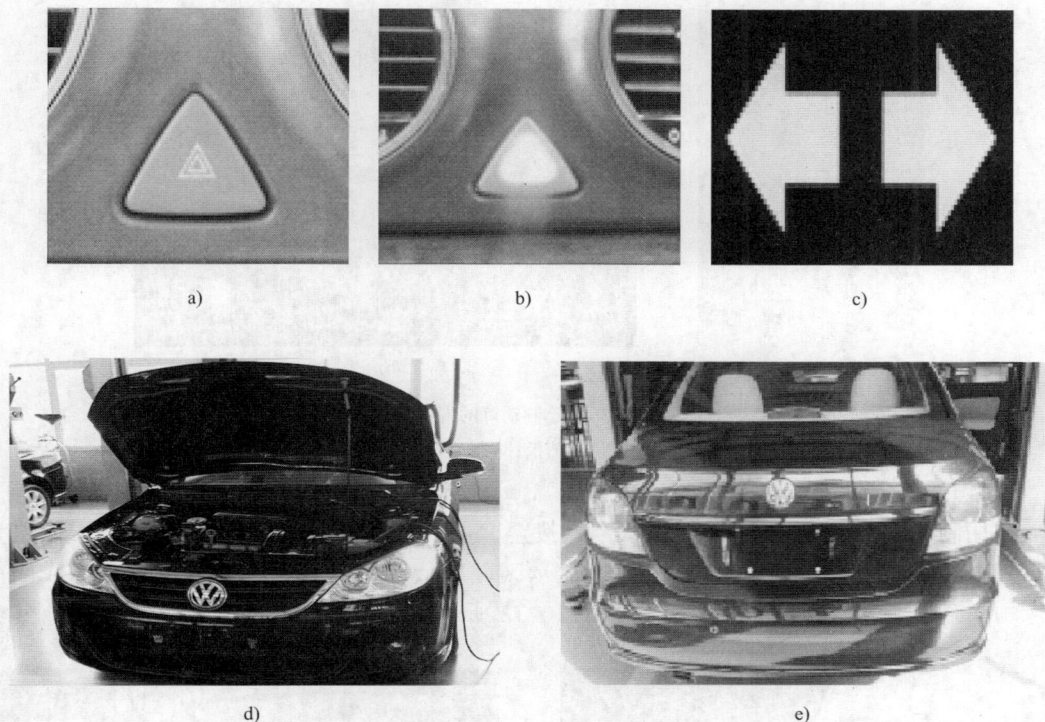

图 10-29　危险报警灯的检查

a)按压危险报警灯开关;b)开关闪烁;c)指示灯闪烁;d)前部危险报警灯闪烁;e)后部危险报警灯闪烁

8.后雾灯的检查

将灯光组合开关打开,拉出两挡至后雾灯挡,检查车外的后雾灯是否点亮,仪表盘上的后雾灯指示灯是否点亮。检查方法如图 10-30 所示。

图 10-30　后雾灯的检查

a)按下后雾灯按钮;b)后雾灯点亮;c)后雾灯指示灯点亮

9. 制动灯的检查

踩下制动踏板,检查在车辆后部两侧红色制动灯和中央高位制动灯是否点亮。检查方法如图 10-31 所示。

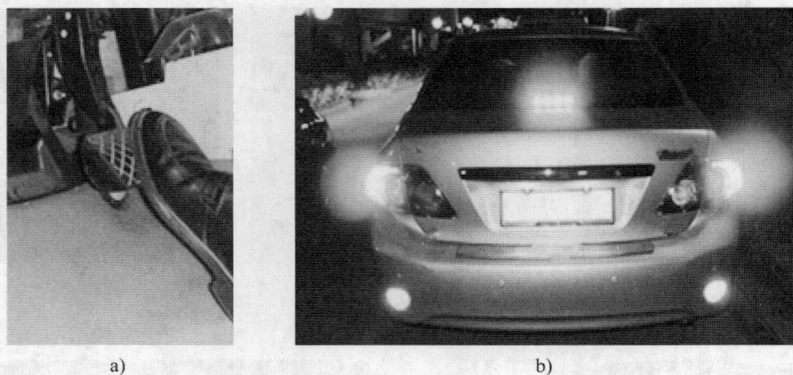

图 10-31　制动灯的检查
a)踩下制动踏板;b)制动灯点亮

10. 倒车灯的检查

踩住制动踏板和离合器踏板,将换挡杆拨至 R 挡,此时车辆后部的白色倒车灯应该点亮(有些车型上只配有 1 个倒车灯),在仪表显示区域显示 R 挡位信号。装有倒车雷达或倒车影像的车辆应有相关信号。检查方法如图 10-32 所示。

图 10-32　倒车灯的检查
a)挂入倒挡;b)倒车灯点亮

四、汽车灯光检查实操流程及其注意事项

(一)前部灯光的检查

汽车灯光检查是每次汽车维护都需要做的项目,经销商为了提升该项目的检查质量和效率,也为车主提供更好的服务,该项目都会由两名技师配合完成。一名技师(A 技师)在车

内完成操作开关、检查内部灯光和指示灯等,另一名技师(B技师)在车外指挥和观察灯具工作情况等。

　　汽车灯光的检查可分为两部分:外观检查和工作状况检查。在车外的A技师要对前照灯光的外观进行检查,方法是用眼观察外表有无裂痕、灯具内部是否有污染物,用手按压活动灯具,检查安装是否牢固等。工作状况检查内容包括A技师指挥B技师打开的车灯开关相应的车灯能否正常点亮,发光亮度、颜色、指示灯闪烁等工作特性是否正常。

1.前部小灯(示廓灯)的检查

A 技师		B 技师	
 小灯点亮	站在车辆前方,做出检查小灯手势:双手抬平于前胸,两手拇指伸出相对,其余手指握紧。当B技师打开小灯后,检查小灯点亮情况(告知:小灯已点亮)		在驾驶员位置,看到A技师的手势后,打开小灯开关,并告知A技师(小灯开关已打开),同时检查仪表盘小灯指示灯是否点亮

2.近光灯的检查

A 技师		B 技师	
	站在车辆前方,做出检查近光灯手势:小灯的姿势,把握紧的双手四指伸展成推的动作两次。当B技师打开近光灯后,检查近光灯点亮情况(并告知点亮否)	 近光灯开启	在驾驶员位置,看到A技师的手势后,打开近光灯开关,并告知A技师(近光灯开关已打开),同时检查近光灯指示灯是否点亮

3.远光灯的检查

A 技师		B 技师	
	站在车辆前方,做出检查远光灯手势:把检查近光手势的手掌面向自己,两手臂与肩同宽,往自己身后迎两次(示意随我来)。当 B 技师打开远光灯开关后,检查并告知是否点亮	向前按压开关 往里拨:远光灯闪动一次 往外拨:远光灯长时间开启 当仪表盘上出现蓝色的远光灯标志时则表示远光灯已经开启	在驾驶员位置,看到 A 技师的手势后,在打开近光灯的基础上,向前压下灯光组合开关拨杆即可打开远光灯,并告知 A 技师,同时检查远光灯指示灯是否点亮

4.对近光—远光变换的检查

A 技师		B 技师	
	站在车辆前方,做出检查远近光变换的手势:手心向前—后—前后转动。当 B 技师变换远近光灯开关时,检查并告知远近灯变换是否正常	向前按压开关 近光灯开启 远光灯开启	在驾驶员位置,看到 A 技师的手势后,打开近光灯开关,打开前雾灯开关,向前压下灯光组合开关拨杆即可变换远光灯,并告知 A 技师,同时检查远光指示灯是否点亮或熄灭

5.前右转向灯的检查

A 技师		B 技师	
	站在车辆前方，做出检查右转向灯手势：右臂平伸向正前方，手掌心向外伸直，五指向上；左臂向左平伸与肩平，左手握拳—展开—握拳—展开示意。当 B 技师打开右转向灯后，检查右转向灯点亮情况（闪烁）。当 B 技师回正方向后转向灯应该熄灭	 向上抬起转向开关 	在驾驶员位置，看到 A 技师的手势后，向上拨动灯光组合开关拨杆，并告知 A 技师，同时检查右转向灯指示灯是否点亮。接着向右转动转向盘然后回正

6.前左转向灯的检查

A 技师		B 技师	
	站在车辆前方，做出检查左转向灯手势：左臂平伸向正前方，手掌心向外伸直，五指向上；右臂向右平伸与肩平，右手握拳—展开—握拳—展开示意。当 B 技师打开左转向灯后，检查左转向灯点亮情况（闪烁）。当 B 技师回正方向后转向灯应该熄灭	 向下按压转向开关 	在驾驶员位置，看到 A 技师的手势后，向下拨动灯光组合开关拨杆，并告知 A 技师，同时检查左转向灯指示灯是否点亮。接着向左转动转向盘然后回正

7.前危险警报灯的检查

A 技师		B 技师	
	站在车辆前方，做出检查危险警告灯手势：两臂向两侧平伸，与肩平，两手握拳状，五指用力弹开—握紧—弹开—握紧示意。当 B 技师打开危险警告灯后，检查危险警告灯点亮情况	按压危险报警灯开关　开关闪烁 指示灯闪烁	在驾驶员位置，看到 A 技师的手势后，按下危险警告灯按钮，按钮应该闪烁，并告知 A 技师，同时检查危险警告灯指示灯是否点亮

8.前雾灯的检查

A 技师		B 技师	
	站在车辆前方,做出检查前雾灯手势:双臂向前平伸握拳,两手拇指向下示意。当 B 技师打开前雾灯后,检查前雾灯点亮情况		在驾驶员位置,看到 A 技师的手势后,打开前雾灯开关,并告知 A 技师,同时检查前雾灯指示灯是否点亮

（二）后部灯光检查

在车外的 A 技师在检查后部灯光前要对后部灯光的外观进行检查,方法是用眼观察有无裂痕、灯具内部是否有污染物,用手按压灯具检查安装是否牢固。

1.后部小灯(示廓灯)和牌照灯的检查

A 技师		B 技师	
	站在车辆左后方,做出检查小灯手势:双手向前平伸握紧,拇指伸出相对示意。当 B 技师打开小灯后,检查小灯、牌照灯点亮情况		在驾驶员位置,看到 A 技师的手势后,打开小灯开关,并告知 A 技师,同时检查小灯指示灯是否点亮

2. 制动灯的检查

A 技师		B 技师	
	站在车辆右后方,做出检查制动灯手势:双手掌平伸于胸前,掌心向外,五指并拢向下推示意。当 B 技师踩下制动踏板后,检查制动灯点亮情况	 踩下制动踏板	在驾驶员位置,看到 A 技师的手势后,踩下制动踏板,并告知 A 技师,同时检查制动灯指示灯是否点亮

3. 倒车灯的检查

A 技师		B 技师	
	站在车辆右后方,做出检查倒车灯手势:双手抬至胸前,掌心向自己,五指并拢用力拉示意。当 B 技师挂入倒挡时,检查倒车灯点亮情况	 挂入倒挡	在驾驶员位置,看到 A 技师的手势后,挂入倒挡并告知 A 技师,同时检查倒车指示灯"R"是否点亮

4. 后部左转向灯的检查

A 技师		B 技师	
	站在车辆右后部,做出检查左转向灯手势:右臂平伸向正前方,手掌心向外伸直,五指向上;左臂向左平伸与肩平,左手握拳—展开—握拳—展开示意。当 B 技师打开左转向灯后,检查左转向灯点亮情况(闪烁)。当 B 技师回正方向后转向灯应该熄灭	 向下按压转向开关	在驾驶员位置,看到 A 技师的手势后,向下拨动灯光组合开关拨杆,并告知 A 技师,同时检查左转向灯指示灯是否点亮。接着向左转动转向盘然后回正

5. 后部右转向灯的检查

A 技师		B 技师	
MAGOTAN	站在车辆右后方,做出检查右转向灯手势:左臂平伸向正前方,手掌心向外伸直,五指向上;右臂向右平伸与肩平,右手握拳—展开—握拳—展开示意。当B技师打开右转向灯后,检查右转向灯点亮情况(闪烁)。当B技师回正方向后转向灯应该熄灭	向上抬起转向开关	在驾驶员位置,看到A技师的手势后,向上拨动灯光组合开关拨杆,并告知A技师,同时检查右转向灯指示灯是否点亮。接着向右转动转向盘然后回正

6. 后部危险警告灯的检查

A 技师		B 技师	
BORA	站在车辆左后方,做出检查危险警告灯手势:两臂向两侧平伸,与肩平着握拳状,五指用力弹开—握紧—弹开—握紧示意。当B技师打开开关时检查危险警报灯点亮情况	按压危险　　开关闪烁 报警灯开关 指示灯闪烁	在驾驶员位置,看到A技师的手势后,按下危险警报灯按钮,按钮应该闪烁,并告知A技师,同时检查危险警告灯指示灯是否点亮

7. 后雾灯的检查

A 技师		B 技师	
	站在车辆右后方,做出检查后雾灯手势:双臂向前平伸握拳,两手拇指向下示意,当B技师打开后雾灯开关时,检查后雾灯点亮情况	拉两下旋钮,就能开启前后雾灯 后雾灯	在驾驶员位置,看到A技师的手势后,打开后雾灯开关,并告知A技师,同时检查后雾灯指示灯是否点亮

（三）汽车内部灯光的检查

内部灯光的检查是由技师 B 在驾驶室配合检查完前方灯光后进行检查的内容。

1. 车内顶灯的检查

（1）关闭好车门，按下顶灯开关，此时顶灯应该亮起。再次按起顶灯开关，应熄灭	
（2）在车门关闭状态，把顶灯开关按到门控灯位置，此时顶灯应该熄灭。当打开某一车门后，顶灯自动点亮。当车门关闭后，顶灯自动熄灭	

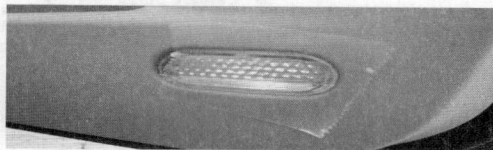

2. 车内阅读灯的检查

当按下阅读灯按钮，阅读灯应该点亮。再次按按钮后其熄灭	

3. 仪表照明灯和仪表盘警示灯的检查

（1）当打开点火开关时，仪表盘照明灯应该点亮，仪表盘上的各种仪表能清楚可见	

(2)仪表盘警示灯的检查内容为:当打开点火开关时,仪表盘上各种指示灯应该全部自检点亮 3~5s,自检无故障后会自动熄灭。在检查车辆外部灯光时,相应的仪表指示灯即点亮	 EPC(发动机管理系统)故障灯

4. 行李舱灯的检查

行李舱灯的检查由技师 A 在检查完前方灯光后完成。

拉起驾驶员位置的行李舱拉手或按汽车尾部的行李舱按钮打开行李舱,行李舱灯应点亮。关闭行李舱后熄灭 	

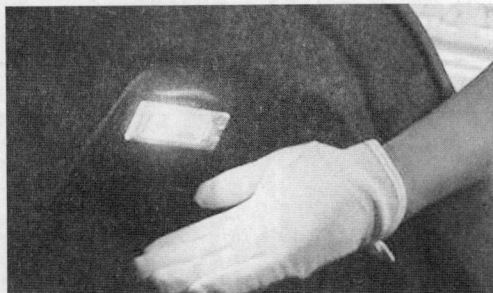

(四)汽车灯光检查操作注意事项

在准备去实车上练习以上内容时,务必要遵守以下事宜:

(1)进入车内一定要铺设车内五件套。

(2)起动发动机时,一定要使变速杆在空挡或 P 挡位置,驻车制动器拉起,踩下制动踏板和离合器踏板,告知配合检查技师。

(3)在检查倒车灯时,要先踩下制动踏板和离合器踏板,然后再挂入倒挡,同时保持踩下制动踏板和离合器踏板不动。检查完后把变速杆挂入空挡或 P 挡后才能松开两个踏板。

(4)在检查完前部和后部灯光后应及时关闭灯光。

思考与练习

一、填空题

1.车外照明灯按其功能的不同可分为_____、前雾灯、牌照灯及_____。

2. 车外灯可分为＿＿＿＿＿＿和＿＿＿＿＿＿两部分。

3. ＿＿＿＿＿＿装于汽车头部两侧,用于夜间行车道路的照明。

4. 车外信号灯按其功能的不同可分为转向灯、＿＿＿＿＿＿、＿＿＿＿＿＿、日间行车灯、驻车灯、后雾灯及＿＿＿＿＿＿。

5. ＿＿＿＿＿＿是表示车辆动态信息的主要信号装置,它安装于车辆前后两侧。

6. 危险警告灯工作时会同时闪烁所有的＿＿＿＿＿＿,用以提醒其他车辆及行人注意,本车发生了特殊情况请注意＿＿＿＿＿＿。

7. 制动灯安装于车辆的两侧,用于指示车辆的＿＿＿＿＿＿或＿＿＿＿＿＿。

8. ＿＿＿＿＿＿安装于车辆尾部两侧,用于倒车时的后方道路照明及警告其他车辆和行人。

9. 前照灯又叫前大灯,装于汽车＿＿＿＿＿＿,用于夜间行车道路的＿＿＿＿＿＿。有两灯制和＿＿＿＿＿＿之分。

10. 转向灯是表示车辆动态信息的主要＿＿＿＿＿＿,它安装于车辆前后两侧。要求在白天时前后灯距＿＿＿＿＿＿m以外可见,侧转向灯距＿＿＿＿＿＿m以外可见。

二、判断题

1. 制动灯安装于车辆的两侧,用于指示车辆的制动或减速信号。　　　（　　）

2. 日间行车灯是照明灯。　　　　　　　　　　　　　　　　　　　　（　　）

3. 雾灯仅安装于汽车的前部,用于在雨雾天气行车时照明道路与安全警示。　（　　）

4. 阅读灯是在车内光线不足时,提供给乘坐人员足够亮度使用。　　　　（　　）

5. 汽车灯光的检查可分为两大部分:外观检查和工作状况检查。　　　　（　　）

三、简答题

1. 简述外部车灯的作用。

2. 简述灯光检查流程。

项目十一　刮水器喷水及喇叭的
检查维护

学习目标

完成本项目学习后,你应能:

1. 知道刮水器的作用和刮水器的分类;
2. 独立完成刮水器片的检查及更换;
3. 知道玻璃清洗液如何检查和添加;
4. 知道刮水器开关挡位的操作;
5. 对风窗玻璃喷嘴喷水位置进行检查调整;
6. 知道电动刮水器的工作原理;
7. 独立完成喇叭的检查。

建议学时

6 学时。

一辆汽车内有上万个部件,有些部件我们每天都在使用,例如,喇叭、灯光和天窗。但还有一些部件是不经常使用的,刮水器就是其中一个,经常被驾驶员忽略。只有在下雨时才会用到,而其余时间就是一个摆设。雨雪天气自然不用说,没有刮水器的话无法看清前面的路,其实刮水器除了刮除雨雪之外,还有刮掉脏东西的作用,就算不下雨,玻璃脏了也需要清洗。行车安全对于驾驶者来说至关重要,汽车雨刷片可以降低交通事故率,保障人们安全出行。本项目将着重介绍刮水器的操作方法、刮水器片的检查和更换操作要领及刮水器的工作原理。

一、概述

(一) 刮水器的作用

刮水器是重要的安全件,它必须能有效地清除雨水、雪和污垢;能在高温(80℃)和低温下(-30℃)工作;能抗酸、碱、盐等有害物质腐蚀,是保持风窗玻璃外表面清洁、确保雨雪天气视野清晰的部件,是行车安全的重要保障系统之一,是机动车辆不可或缺的部件。刮水器片的功能并不是将玻璃上的雨水给刮掉,其真正的功能是将玻璃表面的雨水抹平形成均一的水膜层,允许光线顺利穿过不会产生折射和弯曲变形,提高驾驶员的清晰可视区。

(二) 刮水器的分类

1. 前风窗刮水器类型

(1)刮水器按驱动方式可分为机械式、真空式、气压式、液压式和电动式。现代汽车一般采用电动刮水器,其优点是结构简单、控制方便,如图 11-1 所示。

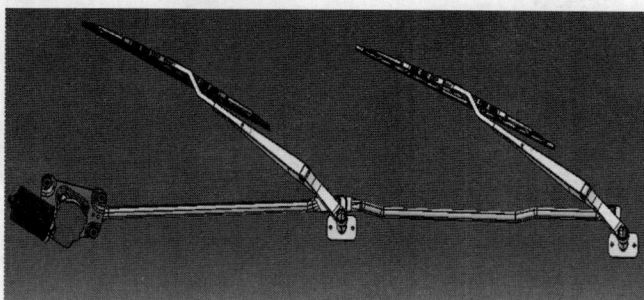

图 11-1 电动刮水器

(2)按刮水器内部支撑可分为硬骨刮水器和软骨刮水器,如图 11-2 所示。其中,硬骨刮水器,即传统刮水器的原理是通过骨架上的若干支撑点把刮水器片压在玻璃上的,使其上的各个支撑点的压力平均。在使用的过程中,由于硬骨刮水器各个支撑点的压力平均,磨损的程度也平均,容易出现刮水器片和玻璃之间摩擦的噪声,不易刮干净杂质。而软骨刮水器是由刮水器胶条、软骨刮水器钢片、刮水器护套和塑料件四种配件组成的。软骨刮水器中的钢片利用一整根导力钢片条来分散压力,使刮水器片各部分受力均匀,以达到减少水痕、擦痕的效果。钢片外层包裹有电镀层,使其更加耐锈。另外,软骨刮水器钢片的弹性比一般硬骨刮水器钢片更好一些,可降低抖动磨损,再加上其受力均匀、防日晒、结构简单、质量更轻等特性,因此,软骨刮水器的电机和刮片寿命比传统刮水器至少要延长一倍。

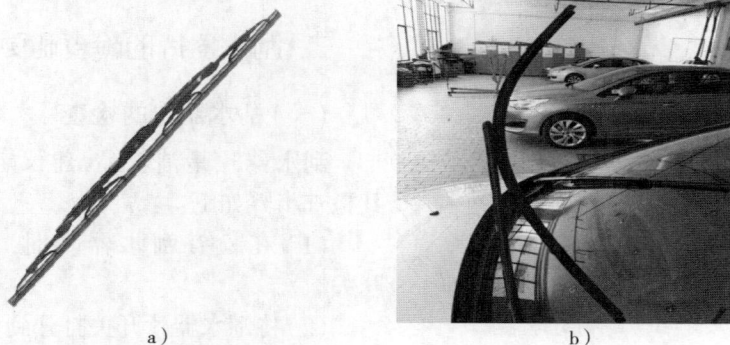

a)   b)

图 11-2 刮水器片

a)硬骨刮水器片;b)软骨刮水器片

(3)按功能可分为手动调节式刮水器、随速感应式刮水器和雨量感应式刮水器。

手动调节式刮水器:即传统间歇式刮水器,可根据雨量大小手动选择刮水器速度挡位,主要配备于老款和低端车型,价格比较低。

随速感应式刮水器:能够根据车速的快慢随时调整刮水器摆动速度,具有使用方便、安全性高的特点。

雨量感应式刮水器:高科技产品,能够自动感应雨量大小,控制刮水器摆动速度,比较智能,操作简单,成本较贵,主要配备高端车型。

(4)按刮臂总成数量可分为单臂刮水器、双臂刮水器、三臂刮水器,如图 11-3 所示。

图 11-3　单臂刮水器、双臂刮水器、三臂刮水器

a)单臂刮水器；b)双臂刮水器；c)三臂刮水器

（5）根据刮水器片连动方式的不同，可分为平行连动式、对向连动式和单臂式三种，如图 11-4 所示。

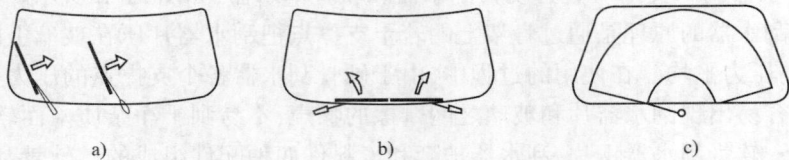

图 11-4　平行连动式、对向连动式和单臂式

a)平行连动式；b)对向连动式；c)单臂式

2.后风窗刮水器

后刮水器没有专门的四连杆机构，只在电动机上附加一个紧凑的转换机构，将旋转变为摆动，如图 11-5 所示。

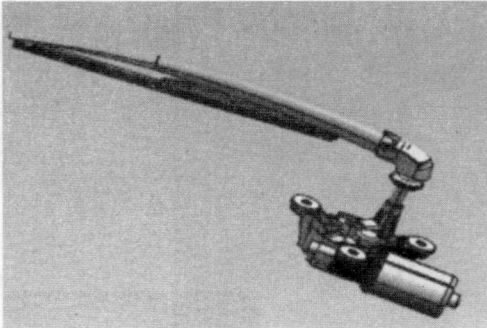

图 11-5　后风窗刮水器

二、刮水器片的检查和更换

（一）刮水器片的检查

刮水器片是消耗品，建议定期检查、更换。其检查步骤如下：

（1）在检查刮水器片时，应先关闭点火开关。

（2）将刮水器片开关打开到手动挡位置。

（3）刮水器片移动到手动挡位置。

（4）拇指和食指并拢，在刮水器片上滑动，如图 11-6 所示。

图 11-6　刮水器片的检查

①如有挂手,则开裂。

②如无弹性,则老化。

③如橡胶与骨架分离,则为剥落。

一般情况下,每12个月检查一次刮水器片。不同车型之间的保养周期可能会有略微的差异。当刮水器片出现以上这些症状时,就要提前更换了。

（二）刮水器片的更换要领

1. 软骨刮水器片的拆装

（1）拆卸刮水器片,如图11-7a)所示。

①向上翻起刮水器臂。

②按下按键1,并将刮水器片定位件3从刮水器臂2中拉至限位位置。

③摇动刮水器片,并沿箭头方向从刮水器臂2中拔下刮水器片定位件3。

（2）安装刮水器片。

2. 硬骨刮水器片的拆装

（1）取下刮水器片,如图11-7b)所示。

（2）将新刮水器片向上推入槽内,如图11-7c)所示。

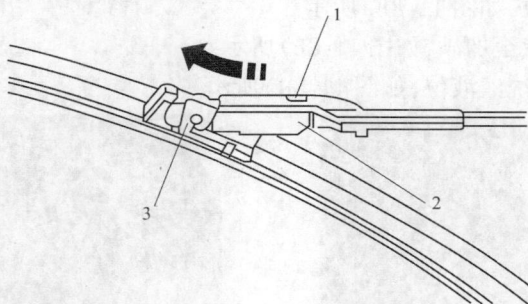

a)

b)

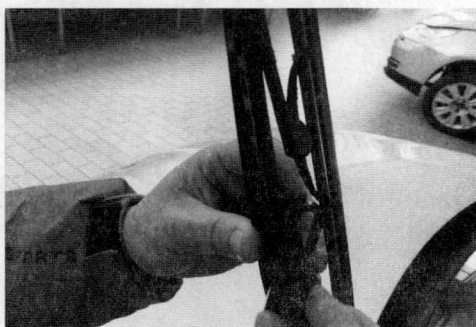

c)

图11-7　刮水器片的拆装

a)拆卸刮水器片;b)取下刮水器片;c)安装刮水器片

1-按键;2-刮水器臂;3-刮水器片定位件

注意:拆下刮水器片后,要用抹布或纸板垫在玻璃上将摇臂轻轻放下归位,防止刮水器臂将玻璃击碎或划伤。

三、玻璃清洗液的检查和添加

玻璃清洗液是一种不含磨蚀性物质,能迅速清除玻璃上的污垢,令玻璃清透明亮的清洁用品。适用于一般汽车玻璃、有机玻璃及塑料窗,如风窗玻璃及天窗等。玻璃清洗液的俗称是玻璃水。一般来说,我国汽车用品零售市场上的玻璃清洗液可分三种:一种是夏季常用的,一种是专为冬季使用的防冻型玻璃清洗液,还有一种是特效防冻型玻璃清洗液。

优质的玻璃清洗液是由去离子水加各类环保添加剂制成的,具有去污、防冻、抗静电、防腐蚀等功能。有些更好的优质玻璃清洁液,还带有快速融雪融冰、防眩光、防雾气等性能,对提高驾车安全有着重大的作用。

而劣质的玻璃清洗液多数是用水和酒精等勾兑而成,不仅损害汽车漆面光泽度,橡胶条的硬度,严重的还会引起橡胶件或其他塑料件产生色差、胀溶等。而玻璃水在清洗完玻璃后,会流到空调进风口附近,玻璃水挥发的气味也会沿着汽车空调的通风管道进入到驾驶室内。劣质的玻璃清洗液挥发的气体是有害的,会成为危害驾驶员健康的隐形杀手。

玻璃清洗液的添加步骤如下:

(1)确认玻璃清洗液罐的位置,如图11-8a)所示。

(2)检查添加前液位,如图11-8b)所示。

(3)添加玻璃清洗液至加满,如图11-8c)所示。

(4)添加后,检查清洗液液位,如图11-8d)所示。

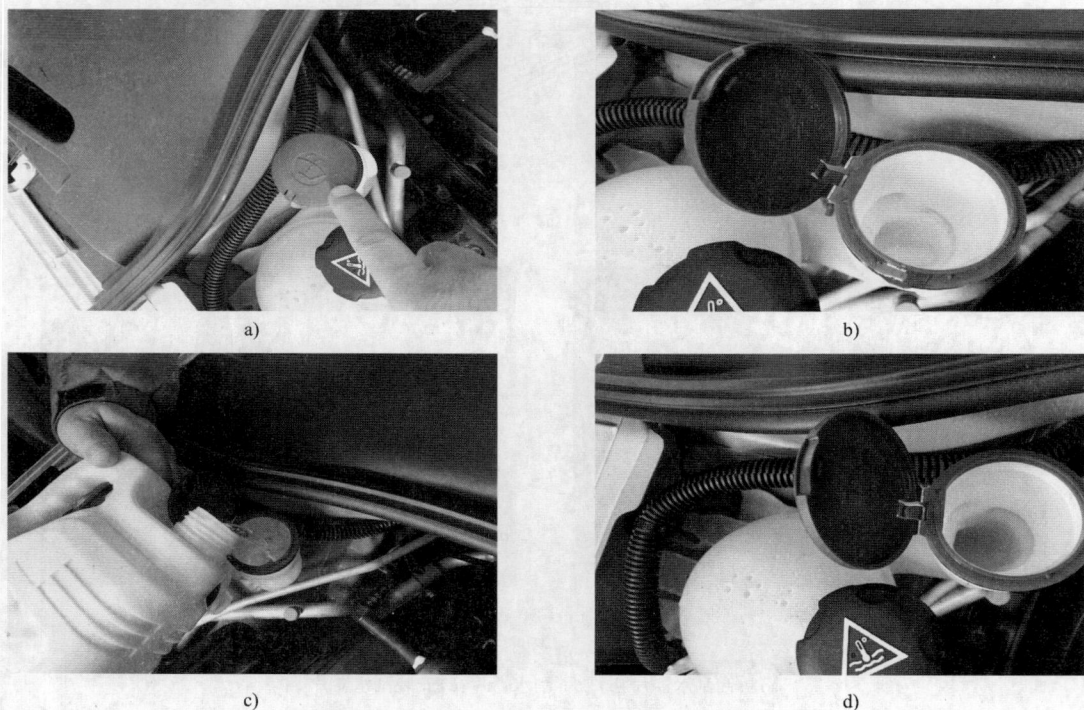

图11-8 玻璃清洗液的添加步骤

a)玻璃清洗液罐位置;b)检查液位;c)添加玻璃清洗液;d)再次检查液位

四、刮水器的开关挡位

（一）前刮水器开关挡位

前刮水器开关挡位，如图 11-9 所示。

在位置 2 或位置 3，停车时，刮水器速度自动放慢到前一级设置的刮水器速度。点火开关关闭时，组合开关手柄若没有回到位置 0，打开点火开关时，刮水器不会刮刷，若要恢复该功能，需先将组合开关手柄回到位置 0，再调到需要的位置。

（二）前风窗玻璃喷水开关

前风窗玻璃喷水开关，如图 11-10 所示。

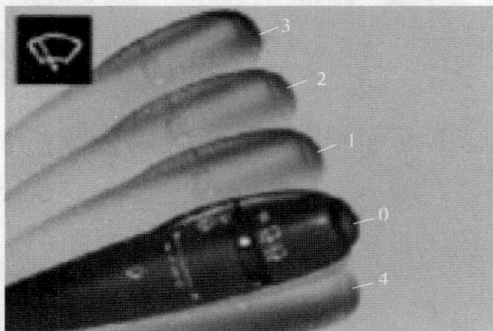

图 11-9 刮水器开关挡位
0-停止；1-间歇刮刷；2-正常刮刷；3-快速刮刷；
4-每次向下按一下组合开关手柄仅刮刷一次

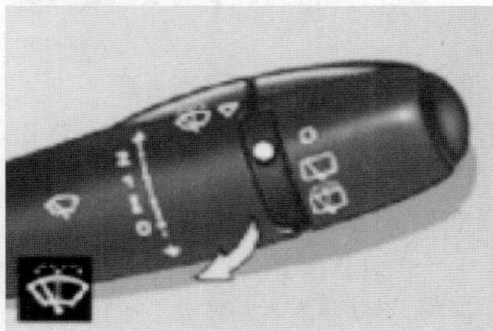

图 11-10 刮水器喷水开关

朝转向盘方向向上抬组合开关手柄，向玻璃表面喷出洗涤液，刮水器间歇刮刷两次。

（三）后刮水器开关

后刮水器开关，如图 11-11 所示。

1. 后风窗玻璃洗涤器开关

将该组合开关手柄从 1 位置再先前旋转到位置 2，后风窗玻璃表面喷出洗涤液，刮水器间歇刮刷。

2. 后刮水器自动工作

当前刮水器工作时，进行倒车，那么后刮水器也将自动开始间歇刮刷。

注意：点火开关关闭时，组合开关手柄若没有回到位置"0"。打开点火开关时，后刮水器不会刮刷；若要恢复该功能，需先将组合开关手柄回到位置"0"，再调到需要的位置。

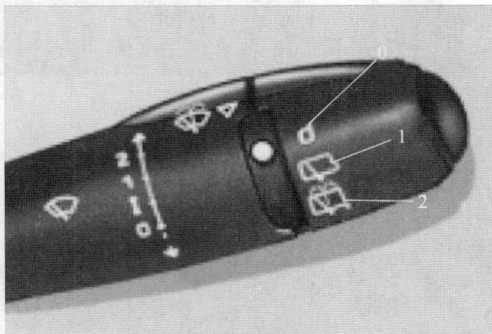

图 11-11 后刮水器开关
0-停止；1-间歇刮刷；2-后风窗玻璃清洗

五、风窗玻璃喷嘴喷水位置的检查调整

（一）确认喷嘴位置

正常的车辆标配都有两个喷嘴，用来清洗前风窗玻璃，喷嘴位置在玻璃底部刮水器转轴

附近,也有的车辆是设置在发动机舱盖子上,如图11-12所示。

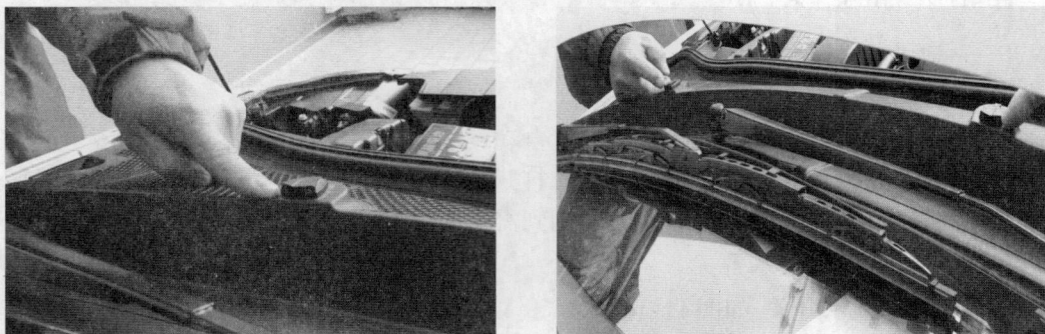

图 11-12　喷油嘴位置

(二) 检查喷水位置是否合适

喷水位置应为风窗玻璃中偏上位置,如喷水位置过高或者过低,则需要调整。如图 11-13所示。

(三) 调整喷嘴喷水位置

用大头针将喷嘴喷水调整到合适位置,如图11-14所示。

注意:在使用大头针时切勿将喷嘴损坏。

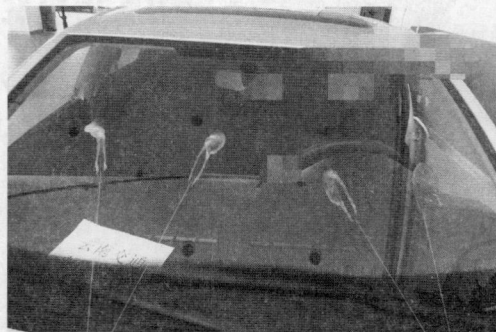

图 11-13　检查喷水位置

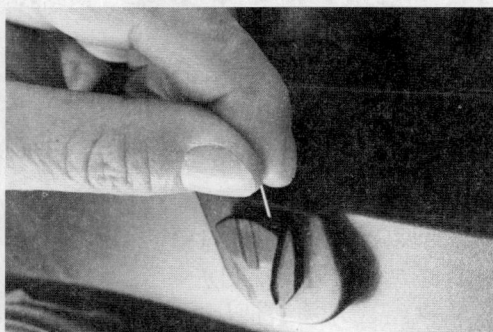

图 11-14　调整喷嘴喷水位置

(四) 再次检查喷水位置

调整完毕后,应再次检查喷水位置是否合适,如图11-15所示。

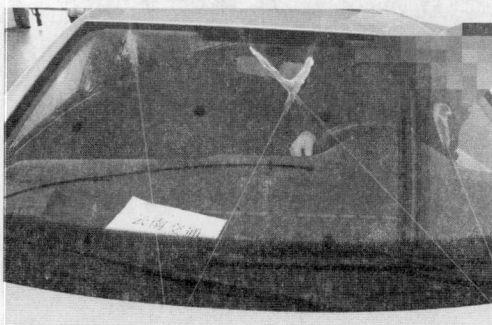

图 11-15　再次检查喷水位置

六、电动刮水器的工作原理

(一) 电动风窗刮水器的组成

电动风窗刮水器主要由直流电动机、蜗轮箱、曲柄、连杆、摆杆、摆臂和刮水片等组成,如图11-16所示。一般电动机和蜗杆箱结合成一体组成风窗刮水器电动机总成,刮水片采用橡胶条式,其结构如图11-17所示。

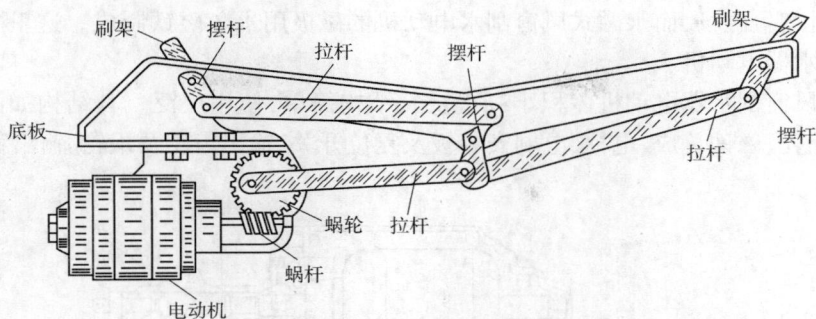

图 11-16　电动风窗刮水器的组成

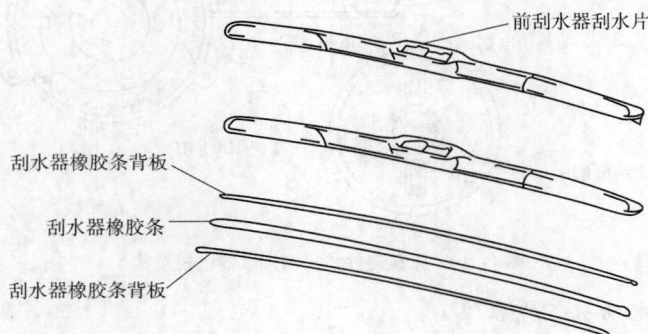

图 11-17　刮水片结构

(二) 电动风窗刮水器的工作原理

电动风窗刮水器的工作过程如图 11-18 所示,曲柄、连杆和摆杆等杆件可以把蜗轮的旋转运动转变为摆臂的往复摆动,使摆臂上的刮水器片实现刮水动作。当风窗刮水器电机转动时,使蜗轮上的曲臂旋转,经连杆使短臂以电枢中心做扇形运动,此短臂上安装右侧的风窗刮水器臂,另一连杆与左侧的短臂连接,左右两侧的风窗刮水器臂以电枢为中心做同方向左右平行的运动。

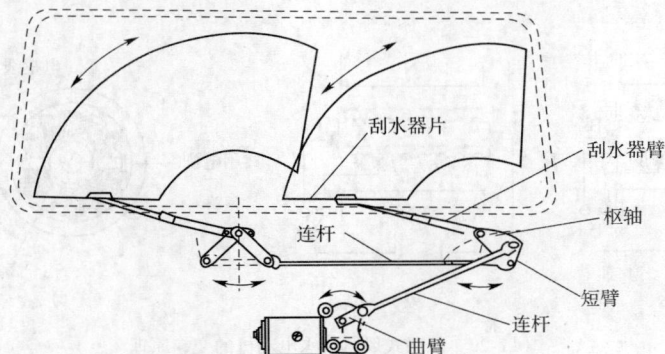

图 11-18　风窗刮水器的工作过程

(三) 风窗刮水器电动机的结构及工作原理

1. 风窗刮水器电动机的结构

风窗刮水器电动机有绕线式和永磁式两种。绕线式风窗刮水电动机的磁极绕有励磁绕组,通电流时产生磁场,而永磁式风窗刮水电动机的磁极用永久磁铁制成。这里主要介绍永磁式风窗刮水器电动机。

永磁式风窗刮水器电动机体积小,质量轻,结构简单,使用广泛。其结构如图 11-19 所示,主要由外壳、磁铁总成、电枢、电刷安装板及复位开关、输出齿轮及蜗轮、输出臂等组成。

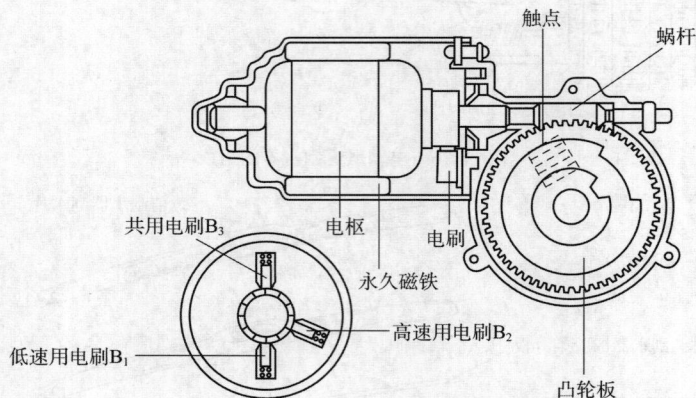

图 11-19　永久磁铁式风窗刮水器电机结构

2.风窗刮水器电动机工作原理

为了满足实际使用的需要,风窗刮水电动机需有不同的工作转数,并且需要具备自动复位功能,能够在任意时刻刮水结束后刮水器片应能自动回到风窗玻璃的最下端。

(1)变速原理。

永磁式风窗刮水电动机是利用 3 个电刷来改变正、负电刷之间串联线圈的个数实现变速的,如图 11-20 所示。其原理是:风窗刮水电动机工作时,在电枢内同时产生反电动势,其方向与电枢电流的方向相反。如要使电枢旋转,外加电压必须克服反电动势的作用。当电动机转速升高时,反电动势增高,只有当外加电压等于反电动势时,电枢的转速才能稳定。

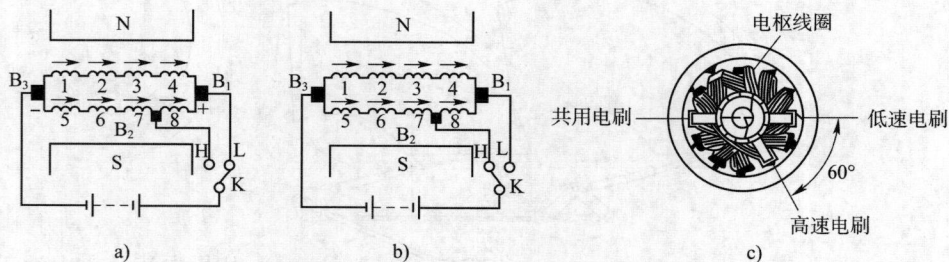

图 11-20　永磁式风窗刮水电动机的变速原理

三刷永磁式风窗刮水电动机工作时,电枢绕组产生的反电动势的方向如图 11-20 中箭头所示。当将风窗刮水器开关 K 拨向 L(低速)时,电源电压 U 加在电刷 B_1 和 B_3 之间。在电刷 B_1 和 B_3 之间的两条并联支路中,每条支路中各有 4 个串联绕组,反电动势的大小与支路中反电动势的大小相等。由于外加电压需要平衡 4 个绕组所产生的反电动势,故电动机转速较低,如图 11-20a)所示。

当将风窗刮水器开关 K 拨向 H(高速)时,电源电压 U 加在电刷 B_3 和 B_3 之间。绕组 1,2,3,4,8 同在一条支路中,其中绕组 8 与绕组 1,2,3,4 的反电动势方向相反,相互抵消后,使每条支路变为 3 个绕组[图 11-20b)]。由于电动机内部的磁场方向和电枢的旋转方向没有变化,所以各绕组内反电动势的方向与低速时相同。但是,外加电压只需平衡 3 个绕组所产生的反电动势,故电动机的转速增高。

(2)电动风窗刮水器自动复位原理。

铜环式风窗刮水器自动复位控制电路及自动复位装置结构如图 11-21 所示。风窗刮水器的开关有 3 个挡位,它可以控制风窗刮水器的速度和自动复位。4 个接线柱分别接复位装置、电动机低速电刷、搭铁、电动机高速电刷。0 挡为复位挡,Ⅰ 挡为低速挡,Ⅱ 挡为高速挡。复位装置在减速蜗轮(由塑料或尼龙材料制成)上,嵌有铜环。此铜环分为两部分,其中一部分铜环与电动机外壳相连(为搭铁)。触点臂用磷铜片或其他弹性材料制成,其一端分别铆有两个触点。由于触点臂具有一定的弹性,因此,在蜗轮转动时,触点与蜗轮的端面和铜滑环保持接触。

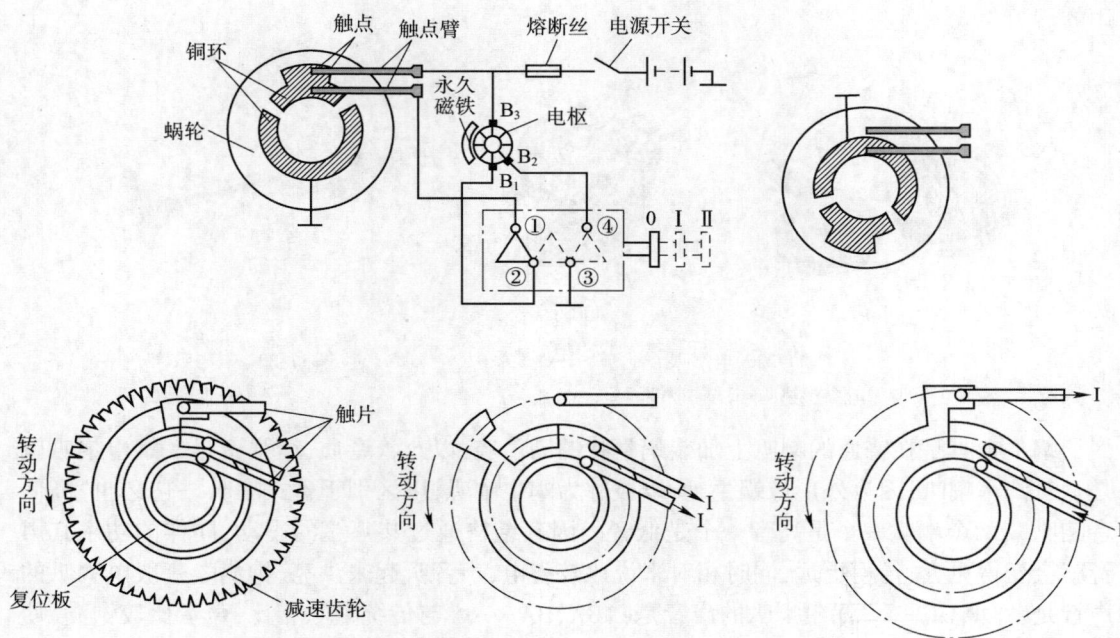

图 11-21　铜环风窗刮水器自动复位控制电路及复位装置结构

当接通电源开关,并把风窗刮水器开关拉出到 Ⅰ 挡(低速)位置时,电流从蓄电池正极→电源开关熔断丝→电刷 B_3→电枢绕组→电刷 B_1→风窗刮水器开关接线柱②→接触片→风窗刮水器开关接线柱③→搭铁→蓄电池负极,构成回路,电动机以低速运转。

把风窗刮水器开关拉出到 Ⅱ 挡(高速)位置时,电流从蓄电池正极→电源开关→熔断丝→电刷 B_3→电枢绕组→电刷 B_2 风窗刮水器接线柱④→接触片→风窗刮水器接线柱③→搭铁→蓄电池负极,构成回路,电动机以高速运转。

当把风窗刮水器开关退回到 0 挡时,如果刮水器片没有停止到规定的位置,由于触点与铜环相接触,则电流继续流入电枢,其电路为蓄电池正极→电源开关→熔断丝→电刷 B_3→电枢绕组→电刷 B_1→接线柱②→接触片→接线柱①→触点臂→铜环→搭铁→蓄电池的负极。由此可以看出,电动机仍以低速运转,直至蜗轮旋转到复位位置,电路中断。由于电枢的运动惯性,电动机不能立即停止转动,此时电动机以发电动机方式运行。因此,电枢绕组通过触点臂与铜环接通而短路,电枢绕组将产生强大制动力矩,电动机迅速停止运转,使刮水器片复位到风窗玻璃的下部。

七、喇叭的检查

汽车喇叭分为电喇叭和气喇叭两种。电喇叭通过电磁线圈不断地通电和断电,使金属膜片产生振动而产生音响,声音悦耳。电喇叭外形多是螺旋形(俗称蜗牛喇叭)和盆形(图 11-22),广泛应用在各种汽车上。轻型乘用车都用电喇叭,现在汽车上安装的喇叭多为蜗牛喇叭。气喇叭利用压缩空气的气流使金属膜片产生振动,外形多是长喇叭形(筒形),声音大且声调高,传播距离远,多用在跑长途的大、中型汽车上,如图 11-23 所示,城市内是禁用的。

图 11-22　电喇叭
a)盆形喇叭;b)蜗牛喇叭

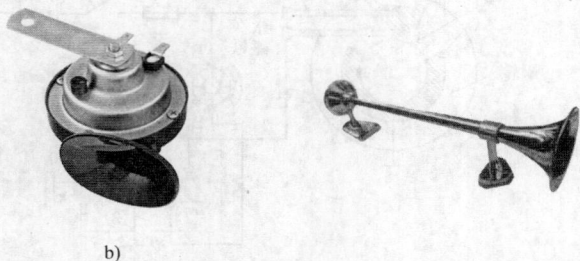

图 11-23　气喇叭

蜗牛喇叭是在普通的喇叭上加装蜗牛状的助声腔,以改善音质,增强音量。蜗牛喇叭就是一对汽车喇叭,因为外形像蜗牛,所以被称为蜗牛喇叭,以区别于盆式喇叭。它又叫"高低音喇叭",两个喇叭一个是高音一个是低音。因其结构通过共鸣箱的震动,同样的功率其声音就会变得更大,传得更远,同时相对来说比较省电,声音听起来洪亮、饱满。一般电喇叭的声音是:"DI,DI……"蜗牛喇叭的声音是:"BA,BA……"与传统喇叭相比,声音比较饱满,使用寿命比较长。

喇叭是开车时频繁使用的装置,如果喇叭出现故障,开车的时候会很不方便。有时按了喇叭,声音不是像蚊子叫,就是很沙哑,甚至无任何声音发出。先来看看喇叭是如何工作的。当驾驶员按下按钮开关时,电流经触点通过线圈,线圈产生磁力吸下衔铁强制振膜钢片移动,衔铁移动使触点断开,电流中断磁力消失,振膜钢片在本身的弹性和弹簧片作用下又同衔铁一起恢复原位,触点闭合电路接通,电流再通过触点流经线圈产生磁力,重复上述动作。如此反复循环,膜片不断振动,从而发出音响。共鸣板与振膜钢片刚性连接,可使振动平顺,发出声音更加悦耳,如图 11-24 所示。

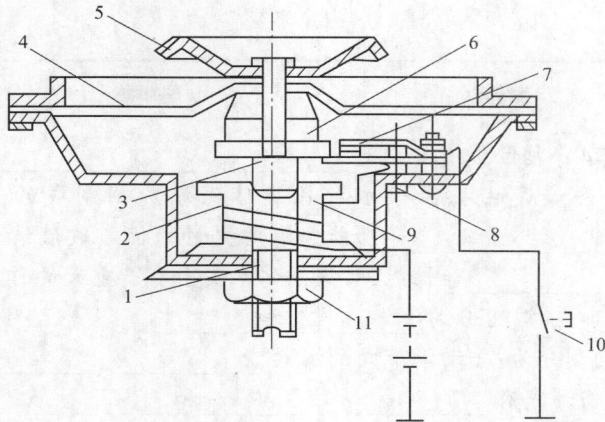

图 11-24　电喇叭结构

1-下铁芯;2-线圈;3-上铁芯;4-膜片;5-共鸣板;6-衔铁;7-触点;8-调整螺母;9-铁芯;10-按钮;11-锁紧螺母

在很多有关喇叭的故障中,出现问题时往往是喇叭本身的故障。特别是某些喇叭设计的安装位置存在缺陷,在下雨时很容易使喇叭被雨水淋湿,造成喇叭的损坏。当喇叭不响时,常见的故障部位不外乎有 3 点,即喇叭本身、喇叭开关触点和喇叭线束。当出现故障时可以参考下面的步骤检查。

（一）有时不响

按喇叭开关,如果喇叭有时响,有时不响,多是喇叭开关内部的触点接触不好,有些也是喇叭本身的问题,如图 11-25 所示。

（二）完全不响

首先检查熔断丝是否熔断,然后拔下喇叭插头,用万用表测量在按喇叭开关时此处是否有电。如果没有电,应检查喇叭线束和喇叭继电器;如果有电,则是喇叭本身的问题,此时也可以试着调节喇叭上的调节螺母看是否能发声,如果还是不响,则需要更换喇叭。

（三）声音沙哑

声音沙哑多是由于插头接触不良造成的,特别是转向盘周围的各个触点,由于使用频繁,容易使触点出现磨损;也可尝试调整喇叭调整螺钉来解决问题,如图 11-26 所示。

图 11-25　喇叭内部接触点

图 11-26　调整喇叭调整螺钉

思考与练习

一、填空题

1. 刮水器开关共有4个挡位,它们分别是_____、_____、_____、_____挡。

2. 优质的玻璃清洗液是由去离子水加各类环保添加剂制成的,具有_____、_____、_____、_____等功能。有些更好的优质玻璃清洗液,还带有快速融雪融冰、_____、_____等性能,对提高驾车安全有着重大的作用。

3. 按照刮水器内部支撑,可分为_____和_____。

4. 按功能划分,雨刮分为:手动调节式刮水器、_____、_____。

5. 刮水器片的损伤形式有_____、_____和_____。

6. 电动风窗刮水器主要由_____、_____、_____、_____、_____、_____和_____等组成,一般电动机和蜗杆箱结合成一体组成风窗刮水器电动机总成。

二、判断题

1. 一般情况,汽车转向盘左边设有刮水器开关。 (　　)

2. 玻璃清洗液冰点以 −16 ~ −25℃为宜。 (　　)

3. 玻璃清洗液液位应添加到肉眼能看到的位置。 (　　)

4. 喷水位置应为风窗玻璃中偏下的位置。 (　　)

5. 软骨刮水器片比硬骨雨刮水器片好用。 (　　)

6. 如刮水器片发生开裂、老化、剥落等情况,应更换刮水器片。 (　　)

三、简答题

1. 刮水器片的作用是什么?

2. 请简要写出刮水器片检查的步骤。

项目十二　轮胎及制动器的检查维护

学习目标

完成本项目学习后,你应能:

1. 熟练对轮胎(含备胎)进行清洁、气压、磨损的检查;
2. 正确进行轮胎换位、螺栓按要求紧固;
3. 正确对制动器及摩擦片检查。

建议学时

6 学时。

一、轮胎的清洁及检查

(一)轮胎检查和清洁的意义

轮胎用久了会有磨损,地面的摩擦就减小了,容易造成打滑,所以要时常检查轮胎的磨损情况,避免出现打滑带来的各种问题。随着轮胎橡胶磨损程度的加剧,使轮胎本身的特点,例如:抓地力、排水性能、降噪、操控等大大下降。另外,轮胎出现损伤也对行驶安全造成了隐患。因此,需要经常检查轮胎情况,出现问题时及时更换。

轮胎在使用的过程中,轮胎的花纹里面会时常夹杂小石子或者异物,这些夹杂在轮胎花纹里的物体会加剧减少轮胎的使用时间,为了使轮胎的使用时间得到最大限度的延迟,轮胎的清洁是必不可少的。

(二)轮胎检查过程中常见故障现象

1. 外侧边缘磨损

外侧边缘磨损,如图 12-1 所示。

原因:如果顺行驶方向观察,在轮胎的外侧边缘有较大的磨损,说明轮胎经常处于充气不足的状态、即压力不够。

解决办法:多检查几次轮胎压力。可能的话按"高速公路"标准充气,即比正常标准再多加30kPa。此外,一般人以为,既然轮胎充气不足有利于雪地和沙地行驶,在潮湿地面上也可如此。然而,事实并非如此,充气不足的轮胎非常不利于雨天行驶,抓地性会明显减弱。

图 12-1　外侧边缘磨损的轮胎

2. 凸状及波纹状磨损

原因：假如发现轮胎着地部分的两侧呈凸状磨损，而且轮胎周边也呈波纹状磨损，说明车的减振器、轴承及球形联轴节等部件磨损较为严重。

解决办法：由于更换新轮胎费用较高，所以建议在更换轮胎前，先检查悬挂系统的磨损情况，更换磨损部件。否则，即使更换轮胎也无济于事。

3. 表面均匀磨损

原因：轮胎的均匀磨损是正常现象。其各部都会有相应的表现。一旦花纹已经磨干，说明轮胎的寿命已尽，必须更换。另外，花纹还有排遣路面积水的功效，因此是保持汽车抓地性的重要环节。

解决办法：千万不要自行制造轮胎花纹。如果磨损已达轮胎花纹的标准深度（通常为1.6mm，宽度大于175mm的轮胎则为2mm），必须更换。当然，磨损程度会有差别。但须知，同一根车轴上不同轮胎的磨损差别不得超过5mm。

4. 轮胎内的"暗伤"

原因：车辆与硬物发生冲撞后（例如撞在便道边沿上）或在瘪胎状态下行驶后，轮胎的橡胶层会有严重划痕，影响密封程度。

解决办法：在此情况下，轮胎会漏气、破裂。如创面较小，可以修补，以应不时之需，但若想长途行驶，则必须立即更换。

5. 中心部分磨损

中心部分磨损的轮胎，如图12-2所示。

原因：如果发现轮胎着地部分的中心面积出现严重磨损的情况，这表明轮胎经常处于充气过满的状态。这不仅不利于轮胎的维护，反而加速了轮胎的磨损。

解决办法：首先一定要检查压力表是否精确，调整好压力。须知，只有高速行驶或载重行驶的时候，才需给轮胎过分充气，而在一般状态下则大可不必。

6. 轮胎侧面裂纹

原因：多因保养不善或行驶于多石子的路面及建筑工地上，以致坚硬物体接触到轮胎，在重压下造成了轮胎内层的破损。

解决办法：须立即行动，如修理费不太贵，则以修补为好，否则就要更换轮胎。现在的轮胎虽应用了新技术，但也要妥善维护。

7. 轮胎出现鼓包

出现鼓包的轮胎，如图12-3所示。

图12-2　中心部分磨损的轮胎　　　　　图12-3　出现鼓包的轮胎

原因:轮胎侧面出现鼓包,这是因为轮胎内层有裂纹而造成气体通过裂纹达到表层,最终会导致轮胎"放炮"。

解决办法:不要以为可以修补一下了事,在橡胶上打补丁并不能持久。特别是驾车跑长途,最好及时更换轮胎。

8.轮胎内侧磨损

内侧磨损的轮胎,如图 12-4 所示。

原因:轮胎内侧磨损、外层边缘呈毛刺状。常见到一些旧车的悬挂系统不良,使整个车身深陷下去。这表明轮胎变形,两个轮胎的对称性已受影响。

解决办法:如果有条件,最好把减振器、球形联轴节等一应配件全更换一下。但如果费用太高,则可考虑先请专业修理工调校前桥与轮胎的角度。

9.轮胎局部磨损

局部磨损的轮胎,如图 12-5 所示。

图 12-4　内侧磨损的轮胎　　　　图 12-5　局部磨损的轮胎

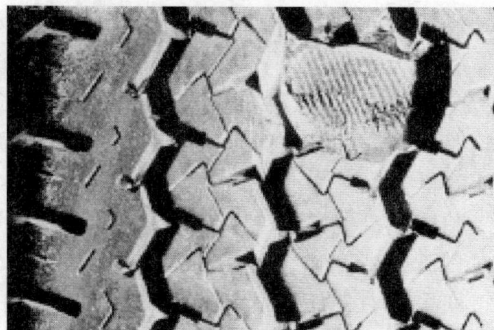

原因:如果轮胎表面只有一块大面积磨损,说明是紧急制动时别住车轮所造成的,而如果前后轮有两块相同的磨损,就说明鼓式驻车制动器有问题了。

解决办法:在这种情况下必须更换轮胎。为应付急用,可以把旧轮胎暂时换到后轮,以保证安全。

二、轮胎检查和清洁的标准流程、具体内容和注意事项

轮胎检查标准操作如下:

(1)清理轮胎花纹中夹杂的明显的石子或异物。

(2)检查。

①轮胎有无裂纹、缺损或鼓包。

②轮胎是否偏磨。

③轮胎型号是否相同,花纹是否一致。

④轮胎安装方向是否正确。

⑤平衡块是否缺失。

⑥轮辋是否变形。

(3)用游标卡尺或轮胎深度尺测量轮胎花纹深度。

(4)检查气门嘴。

①位置是否居中。

②有无裂纹、破损。

(5)按门框上的标记用压力表测量轮胎压力。

(6)给压力不足的轮胎加气或压力过高的轮胎放气。

(7)按规定的拧紧力矩拧紧车轮螺栓(仅后鼓式制动车轮)。

注意:备胎要拆下检查;有钉子扎入的轮胎要征询用户意见才能取出。

三、轮胎气压的检测与加注

(一)轮胎气压对汽车行驶安全性、动力性和使用经济性的影响

1. 轮胎气压对汽车行驶安全性、动力性的影响

轮胎气压直接影响到轮胎的行驶安全性,为了能够安全行驶,维持合适的气压以及进行定期的气压检验是必须的。

车辆不同,胎压也不同,轮胎气压过高或过低都会有危害。

胎压不足的危害:①轮胎偏软,轮胎与地面接触面积过大,行驶阻力就大,油耗也就大了;②轮胎与地面接触的部分变形大,时间长了容易使轮胎橡胶及里面的帘布产生疲劳,影响轮胎使用寿命;③接地面加大,当路面有铁钉、玻璃碴子时,扎胎的可能大大增加;④制动性能降低。

胎压过高的危害:①车辆颠簸,乘坐舒适性降低;②与路面接触面积小,抓地力下降;③在夏天或者高速行驶时易发生爆胎危险。

如果左右气压不同,则会引起转向盘偏向气压少的方向;制动时,车辆发生偏移;转向盘的操作性能会降低;高速行驶时发生车体的震动现象;行驶稳定性非常差。

2. 轮胎气压对汽车使用经济性的影响

轮胎工作气压直接关系到汽车的经济性,在负荷一定时,轮胎工作气压过高,下沉量小,地面接触面积缩小,单位面积所受的力增加,从而加速了胎面中部的磨损,缩短了轮胎的使用寿命,在此种情况下,滚动阻力小,有利于节油;轮胎工作气压过低,下沉量增大,胎面边缘负荷增大,胎肩早期磨损,增加了滚动阻力,这不利于节油、护胎。因此,应选择有利于节油、保护轮胎的最佳工作气压。在实际使用中,不能简单地按轮胎标准或使用说明书规定的气压进行充气,而应在适当范围内合理选择。若要提高车辆的负荷能力,可适当提高轮胎的工作气压(当然,该气压不能超过规定的最大负荷)。相反,若车辆负荷小,可适当减小轮胎气压,但必须注意行驶速度。汽车行驶时,其轮胎断面产生变形而形成挠屈变形,轮胎产生内部摩擦,引起轮胎发热,胎温升高,胎内气体受热膨胀,致使胎压升高,过高的胎压会使轮胎爆裂。在高速公路上行驶,绝对不可以使轮胎气压超过规定。

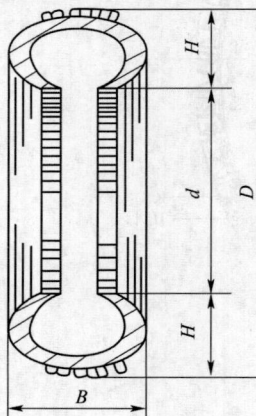

图 12-6 斜交轮胎的规格表示

(二)轮胎标签的识读

1. 斜交轮胎的规格

表示方法:B-d,单位 in(英寸)9.00 – 20 表示宽度为 9.00in、内径为 20in 的斜交轮胎,如图 12-6 所示。

2. 子午线轮胎的规格

如：195/60 R 14 85 H

其中：

195：轮胎宽度为 195mm。

　　货车子午线轮胎的宽度一般以英寸(in)为单位。

60：扁平比为 60%。

　　扁平比为轮胎高度 H 与宽度 B 之比。

　　扁平比有 60,65,70,75,80 五个级别。

R：子午线轮胎，即"Radial"的第一个字母。

14：轮胎内径 14in。

85：荷重等级，即最大载荷质量。荷重等级为 85 的轮胎的最大载荷质量为 515kg。

H：速度等级，表明轮胎能行驶的最高车速。H 的最高车速为 210km/h。

另外，P：轿车轮胎。

　　REINFORCED：经强化处理。

　　RADIAL：子午线胎。

　　TUBELESS(或 TL)：无内胎(真空胎)。

　　M + S(Mud and Snow)：适于泥地和雪地。

　　→：轮胎旋向，不可装反。

3. 轮胎侧面标记

轮胎侧面标记如图 12-7 所示。

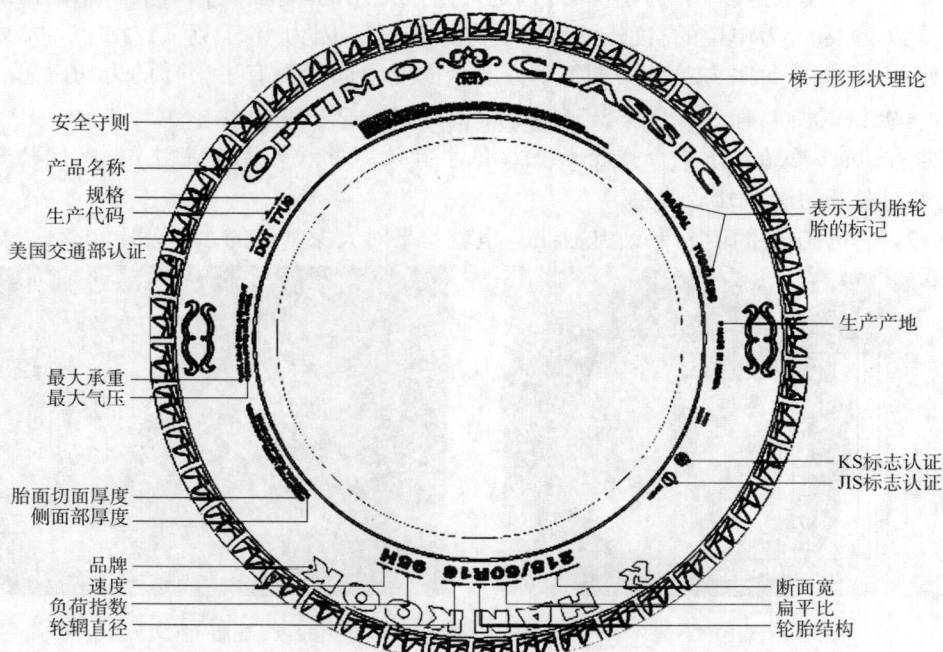

图 12-7　轮胎侧面标记

（三）气压表的正确使用与读数

1. 气压表的正确使用

车轮胎气压表简称胎压计，主要用于给专用车轮胎充气、放气、测压等方面，是车辆轮胎安全性的重要识别工具。

正确使用轮胎胎压计注意事项：

（1）使用时将气嘴接头紧压到轮胎气门嘴上，使气门芯被压进，查看指示器的读数即为轮胎气压。

（2）在测量时，必须注意气压表与气门嘴对准，不要有漏气现象，否则测出的值不准（表上显示的数值为轮胎压力）。

（3）测量时车辆需停放于平地，务必在冷车时测量轮胎压力。

（4）在取下轮胎的气门嘴盖时，将胎压计的测压嘴对准轮胎上的气门嘴垂直用力压入。压入要迅速，以免轮胎内的空气泄漏。

（5）根据车门侧的胎压要求，并结合驾驶员的经验，确定胎压是否符合要求。如果胎压过高，该胎压计可用于放气；如果胎压过低，应立即用车载充气泵补气至安全胎压，并重新测量查核准确胎压。

（6）测量结束后将气门嘴帽盖回。

（7）一个月至少检查一次轮胎的气压。

2. 气压表的读数

轮胎气压表如图 12-8 所示。

外圈红色的读数是以 psi 为单位的，这是外国人常用的单位，我们一般不用。内圈黑色的读数是以 kg/cm^2 为单位的，读作"千克每平方厘米"。因为"1 千克 = 1 公斤"，故 kg/cm^2 也可以理解为"公斤每平方厘米"，即每平方厘米的受力面积上有 1 公斤的力的意思。因为 $1kg/cm^2 = 98kPa$，所以有 $230kPa = 2.35kg/cm^2$，$210kPa = 2.14kg/cm^2$。

注意：应该在轮胎冷态下检查轮胎气压值才有效。当汽车停车超过 3h 或行驶未超过 1.5km，此时的压力读数比较准确。

图 12-9 中胎压表的读数为 $2.2kg/cm^2$，也就是平时大家常说的 2.2 公斤。

图 12-8　轮胎气压表

图 12-9　轮胎气压表测量数据

（四）轮胎（包括备胎）气压检查与加注的标准工艺流程

（1）按门框上的标记用压力表测量轮胎压力。（注意：备胎也要拆下检查）。

(2)给压力不足的轮胎加气或压力过高的轮胎放气。

(3)加气或者充气操作结束后,检查气门嘴是否会漏气。

(4)将气门螺帽拧到气门嘴上,并保证已拧紧。

注意:

(1)轮胎充气应按照该型汽车使用说明书上规定的标准气压执行,并在冷态时用气压表测量。若在热态时测量,应略高于标准气压,取适当的修正值。气压表应定期校准,以保证读数准确。

(2)轮胎装好后,先充入少量空气,待内胎充气伸展后再继续充至要求气压。

(3)充气前应检查气门芯与气门嘴是否配合平整,并擦净灰尘。充气后应检查是否漏气,并将气门帽装紧。

(4)充入的空气不得含有水分和油雾。

(5)充气时应注意安全防护,充气开始时用手锤轻击锁圈,使其平稳嵌入轮辋圈槽内,以防锁圈跳出。

四、轮胎换位

(一)概述

由于各轮胎工作条件和负荷不相同,载货汽车一般后轮负荷大于前轮,轿车行驶一般前轮负荷大于后轮。如果驾驶位置在左侧,那么通常情况下,汽车向左转弯时的车速会大于向右转弯时的车速,导致汽车右侧的轮胎在左转弯时受到压力大于左侧轮胎,汽车行驶一定里程后,右侧轮胎的右侧边缘磨损最为严重。反之,在香港、英国、澳大利亚等右驾地区,左侧轮胎外侧边缘磨损较大。

应按汽车维护规定及时进行轮胎换位,特别是新车初驶后的换位,对轮胎的使用寿命影响很大。因此为延长轮胎的使用寿命,应按要求及时进行轮胎换位。

(二)换位周期

根据驾驶者不同的驾驶习惯和驾驶路线,应参照汽车自带的维护手册定期进行轮胎换位。轮胎换位间隔一般新车为10000km,以后每行驶5000~10000km进行一次轮胎换位。

(三)换位方法

轮胎换位的方法较多,这里介绍两种常用的换位方法。

1. 花纹无方向斜交轮胎的换位

由于轮胎在使用中,前轮磨损比后轮重,将同一车桥上的轮胎对换,可使轮胎的左右侧面磨损均匀。经过一段时间的使用后,前轴换下的轮胎可予以报废、翻新或作为备胎使用,新轮胎则装在前轮上。这样做是较为经济合理的。

2. 子午线轮胎的换位

子午线轮胎应保持在车辆的同一侧使用,即保持相同的旋转方向。子午线轮胎的旋转走向是固定的,如果旋转方向弄反了,会使车辆失去操纵稳定性,使汽车行驶不顺并产生振动。

另外在使用雪地轮胎或带防滑钉的轮胎时,不应换位。储存该类轮胎时,应在轮胎上标明轮胎使用时旋转的方向,以确保该类轮胎以同一旋转方向重新装用。

轮胎换位如图 12-10 所示。

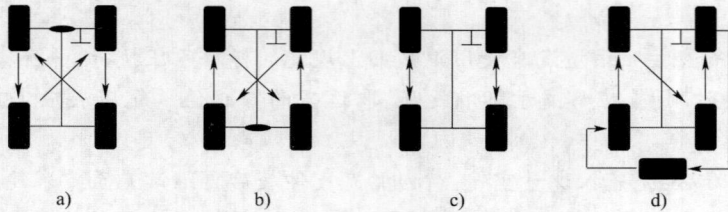

图 12-10 轮胎换位的几种方法

a)FF 车;b)FR 车;c)方向性花纹的情况;d)含有备胎的情况

五、轮胎的拆装

(一)准备工作

(1)汽车进入工位前,将工位清理干净,准备好相关的器材。

(2)将汽车停驻在举升机中央位置。

(3)拉紧驻车制动器操纵杆,并将变速杆置于空挡位置。

(4)套上转向盘护套、变速杆手柄套和座位套,铺设脚垫。

(二)操作步骤

1. 车轮总成的拆卸

(1)停稳车辆,用三角木掩住各车轮。

(2)取下车轮上的装饰罩,弄清汽车左右侧车轮与轮毂连接螺栓的螺旋方向,使用车轮螺母拆装机或用套筒扳手初步拧松各连接螺母;将车辆停在举升机上,升起车辆,使车轮稍微离开地面;拧下车轮与轮毂连接的全部螺母,取下垫圈,并摆放整齐;边向外拉边左右晃动车轮,从车轴上取下车轮总成。

2. 车轮总成的安装

(1)顶起车桥,套上车轮,将螺母初步拧在螺栓上。

(2)放下车轮并在车轮前后用三角木掩住,用扭力扳手或车轮螺母拆装机,按对角线顺序分 2~3 次拧紧车轮螺母,最后一次按规定力矩(120N·m)拧紧。

(三)安全操作注意事项

(1)使用螺母拆装机时注意操作规范,保证安全性。

(2)拆下的轮胎摆放在规定的地方,抱轮胎时小心走动。

六、制动器的分类

(一)盘式制动器

盘式制动器摩擦副中的旋转元件为以端面为工作面的金属圆盘,称为制动盘。盘式制动器是由摩擦衬块从两侧夹紧与车轮共同旋转的制动盘后产生制动的制动器,如图 12-11 所示。

盘式制动器按制动钳固定在支架上的结构形式又可分为定钳盘式制动器和浮钳盘式制动器。

1. 定钳盘式制动器

（1）特点。

制动盘两侧的制动钳都装有油缸。

（2）结构。

盘式制动器主要由制动钳、制动分泵（活塞）、车桥支撑部件、摩擦块和制动盘等组成，其结构如图 12-12 所示。

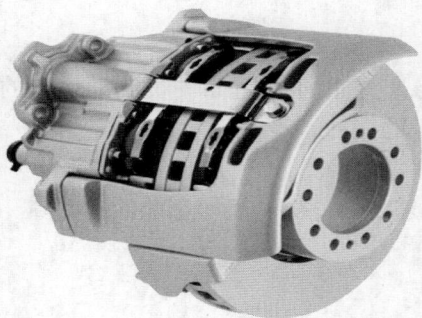

图 12-11　盘式制动器结构

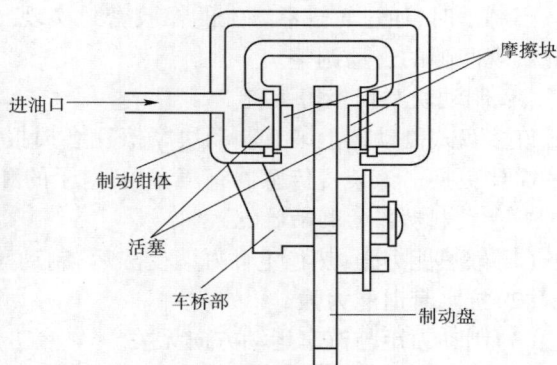

图 12-12　定钳盘式制动器结构

（3）工作原理。

制动时由两侧的活塞挤压制动块来产生制动力。

2. 浮钳盘式制动器

（1）组成。

浮钳盘式制动器由制动盘、橡胶衬套、制动钳壳体、制动钳支架、前制动轮缸及弹簧片（保持弹簧）、油封、导向销（浮动销）、制动块等组成，其结构如图 12-13 所示。

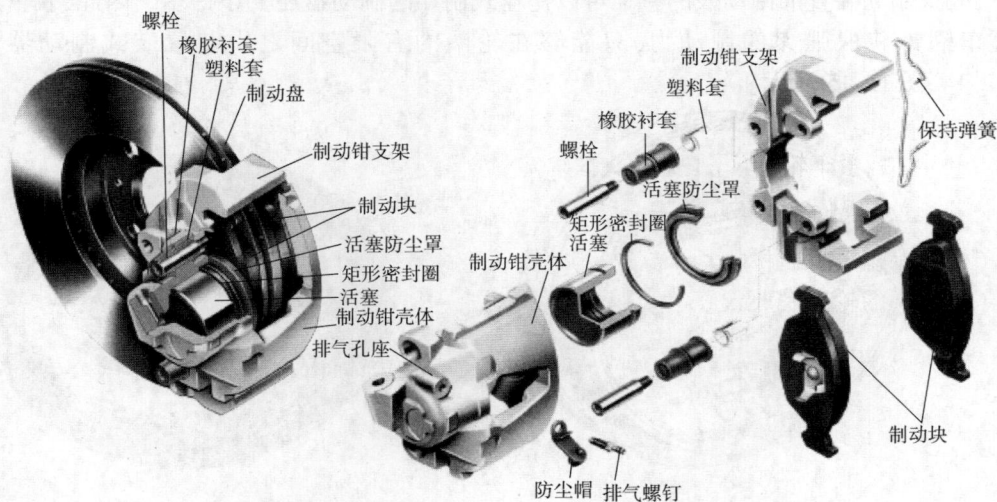

图 12-13　浮钳盘式制动器详细结构

（2）特点。

浮钳盘式制动器只在制动盘的内侧设置油缸。

（3）工作原理。

踩下制动踏板,管路中制动液由储液罐进入制动分泵,活动制动块在液压作用下,由活塞推靠在制动盘,制动钳上的反力将固定制动块也推靠到制动盘上;放松制动踏板,管路中制动液经制动总泵流回到储液罐,橡胶衬套所释放出来的弹性有助于固定制动块离开制动,活塞密封圈在制动时变形,解除制动时就恢复原状,使活塞回位。

（4）制动间隙。

当制动时,通过轮缸活塞上的橡胶密封实现。若间隙过大,则活塞相对于密封圈滑移,借此实现间隙的自动调整。

（5）制动块磨损报警装置。

许多盘式制动器上装有制动块摩擦片磨损报警装置,它用于提醒驾驶员制动块上的摩擦片需要更换。该装置传感器有声音的、电子的和触觉的三种。

3.盘式制动器的制动特点

（1）散热能力强,热稳定性好。受热后,制动盘主要沿径向膨胀,不会影响制动间隙。

（2）抗水衰退能力强。

（3）制动力矩与汽车运动方向无关。

（4）制动间隙小,一般为 $0.05 \sim 0.15mm$,且间隙自动调整。

（5）结构简单,维修方便,摩擦片检查、保养、更换容易。

（6）易受粉尘侵袭,磨损较大。

（二）鼓式制动器

鼓式制动器配置在许多车型上（多使用于后轮）。鼓式制动器是借由液压将装置于制动鼓内之制动片往外推,使制动片与随着车轮转动的制动鼓之内面发生摩擦,而产生制动的效果。

鼓式制动的制动鼓内面就是制动装置产生制动力矩的位置。在获得相同制动力矩的情况下,鼓式制动装置的制动鼓的直径可以比盘式制动的制动盘还要小许多。因此,载重用的大型车辆为获取强大的制动力,只能够在轮圈的有限空间之中装置鼓式制动器。如图 12-14、图 12-15 所示。

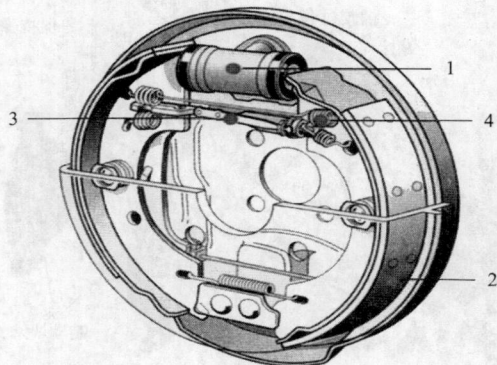

图 12-14　鼓式制动器结构
1-制动分泵;2-摩擦衬片;3-间隙调节杆;4-复位弹簧

图 12-15　鼓式制动器外观

七、制动器检测的几种工具的使用

(一) 游标卡尺的使用方法

1. 应用

游标卡尺可测量长度、外径、内径和深度。

2. 量程

游标卡尺主要 0～150mm、0～200mm、0～300mm 三种量程。

3. 测量精度

游标卡尺主要有 0.01mm、0.02mm、0.05mm 三种测量精度。

4. 操作方法(图 12-16)

(1)在测量前完全合上量爪,并检查卡尺间是否有足够的间隙可看到光。

(2)在测量时,轻轻地移动卡尺,使零件刚好放在量爪间。

(3)一旦零件刚好放在量爪之间,用止动螺钉固定游标尺,以便读取测量值。

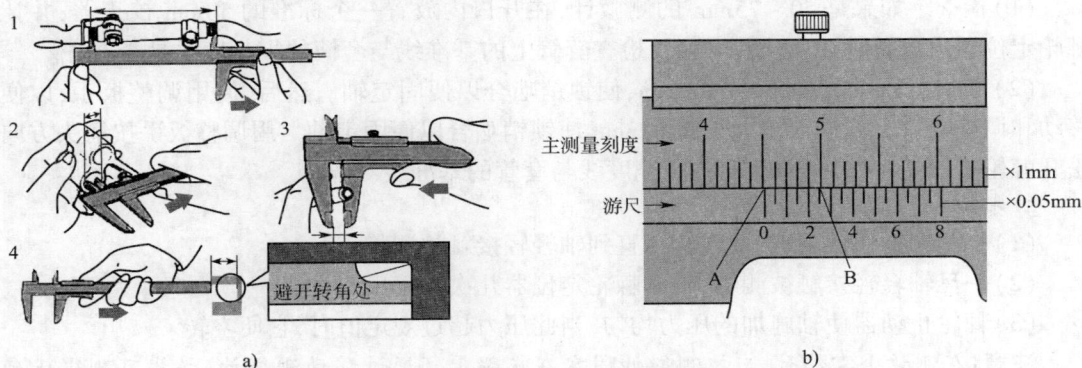

图 12-16 游标卡尺的读数方法和读取
a)游标卡尺读数方法;b)读取测量值

5. 读数方法

(1)读取达到 1.0mm 的数值时,读取主测量刻度的数值,其位于游标"零"的左边,例如:A 为 45mm。

(2)读取低于 1.0mm 高于 0.05mm 的数值时,读取游标上的刻度与主测量刻度相对齐的点,例如:B 为 0.25mm。

(3)测量值 = A + B,例如图 12-16 读取的测量值为 45 + 0.25 = 45.25mm。

(二) 外径千分尺

1. 应用

通过计算手柄方向上轴的均衡旋转来测量零件的外径/厚度。

2. 量程

外径千分尺有 0～25mm、25～50mm、50～75mm、75～100mm、100～125 mm 等量程。

3. 测量精度

外径千分尺的测量精度为 0.01mm。

4. 校准(图 12-17)

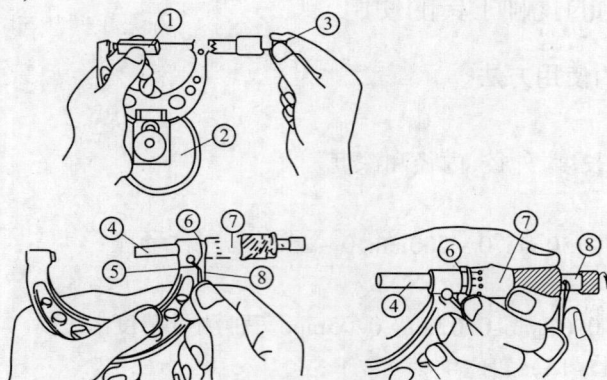

图 12-17 外径千分尺的校准

1-50mm 标准校正器;2-支架;3-棘轮定位器;4-轴;5-锁销;6-套管;7-套筒;8-调节扳手

使用测微计前,检查并确保零刻度已对准。

(1)检查。如果是 50～75mm 的测微计,在开口内放置一个标准的 50mm 校正器,并让棘轮定位器自由转动 2～3 圈。然后,检查套管上的基准线与套筒的零刻度线是否对齐。

(2)调整。如果误差低于 0.02mm,使锁销啮合以便固定轴。然后,使用调整扳手,以便移动和调整套管。如果误差大于 0.02mm,使锁销啮合以便固定轴。用调整扳手按箭头方向松开棘轮定位器。然后,将套筒的零刻度线与套管的基准线对齐。

5. 测量

(1)将测砧抵住被测物,旋转套筒直到轴轻轻接触被测物。

(2)一旦轴轻轻接触被测物,转动棘轮定位器几次并读出测量值。

(3)棘轮止动器使轴施加的压力均匀,当此压力超过规定值时,它便空转。

注意:在测量小零件时,应把测微计固定在支架上。通过移动测微计,寻找可测得正确直径的位置。

6. 读数方法(图 12-18)

(1)读取至 0.5mm 的值,读出在套管刻度上可以看见的最大值。例如:A 为 55.5mm。

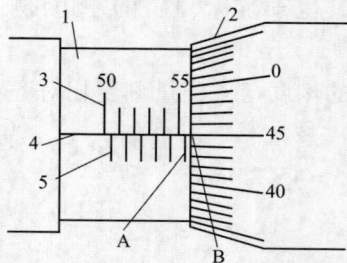

图 12-18 读数方法

(2)读取 0.5mm 以下 0.01mm 以上的值,读取套筒上的刻度与套管上的刻度对齐点的数值。例如:B 为 0.45mm。

(3)测量值 = A + B,例如:55.5 + 0.45 = 55.95mm。

(三)百分表

1. 应用

悬挂式测量头的上下移动被转变为长短指针的转动。用于测量轴的偏差或弯曲以及法兰的表面振动等。

2. 测量精度

百分表的测量精度为 0.01mm。

3. 测量方法

(1)将其固定在磁性支架上使用。调整百分表位置和被测物体,并设置指针,使其位于移动量程的中心位置。

(2)转动被测物并读出指针偏离值。

（四）制动盘、制动摩擦片的标准参数

以一汽-大众前制动盘为例，其前制动盘、制动摩擦片的标准参数见表12-1。

一汽-大众前制动盘、制动摩擦片的标准参数　　　　　　　　表12-1

序　号	名　称	车　型	标准参数（mm）	磨损极限（mm）
1	制动盘	全部车型	22	19
2	制动盘圆端面跳动量	全部车型	≤0.06	≤0.06
3	制动摩擦片	全部车型	14	7

八、制动摩擦片、制动盘检修流程

（1）打开发动机舱盖，装挂翼子板保护垫。

（2）安装举升机支架。

（3）拆松车轮螺栓。

（4）安全举升车辆。

（5）拆卸车轮。

（6）拆下制动钳螺栓。

（7）取下制动片。

（8）清洁制动摩擦片。

（9）目视检查制动摩擦片表面。

（10）用游标卡尺测量制动摩擦片厚度。

（11）记录制动摩擦片厚度。

（12）安装制动钳螺栓。

（13）清洁制动盘。

（14）目视检查制动盘表面。

（15）标出制动盘厚度测量点。

（16）用外径千分尺测量制动盘厚度。

（17）记录制动盘厚度数据。

（18）用百分表、测量制动盘端面圆跳动量。

（19）记录制动盘端面圆跳动量数据。

（20）整理、清洁量具。

（21）安装车轮。

（22）安全降落车辆。

（23）分离举升机支架。

（24）用规定力矩拧紧车轮。

（25）整理、清洁工具。

（26）5S管理。

九、制动摩擦片、制动盘检修的注意事项

（1）严格按照维修工艺、维护手册进行安全操作。

(2)在测量前,需对游标卡尺、外径千分尺、百分表等量具进行校准。

(3)制动摩擦片厚度测量点为 3 个。

(4)制动盘厚度测量点为 3 个,距制动盘边缘 10mm,相距 120°。

(5)制动盘端面圆跳动量测量点距制动盘边缘 10mm,且百分表与制动盘端面垂直。

(6)拆下制动钳螺栓后,安装时必须更换新制动钳螺栓。

(7)车轮拧紧力矩为 120N·m。

思考与练习

一、填空题

1.轮胎检查中需要检查轮胎有无_____、_____或鼓包。

2.轮胎检查中需要检查轮胎型号是否_____,花纹是否一致。

3.轮胎检查中需要检查轮胎安装方向是否_____,_____是否缺失,轮辋是否_____。

4.用_____或轮胎深度尺测量轮胎花纹深度。

5.游标卡尺可测量_____、_____、_____和_____。

6.制动块磨损报警装置传感器有_____、_____和_____三种。

7.胎压过高的危害:(1)车辆颠簸,乘坐_____降低;(2)与路面接触面积小,_____下降;(3)在夏天或者高速行驶时易发生_____危险。

二、判断题

1.在轮胎检查过程中需要给压力不足的轮胎加气或压力过高的轮胎放气。　　　　　　（　　）

2.备胎要拆下检查。　　　　　　（　　）

3.有钉子扎入的轮胎要征询用户意见才能取出。　　　　　　（　　）

4.轮胎清理中需要清理轮胎花纹中夹杂的明显的石子或异物。　　　　　　（　　）

5.如果左右气压不同,则会引起转向盘偏向气压少的方向,制动时,车辆不会发生偏移。
　　　　　　（　　）

6.轮胎气压的检查与加注中备胎不需要拆下检查。　　　　　　（　　）

7.使用胎压计时,车辆需停放于平地,务必在冷车时测量轮胎压力。　　　　　　（　　）

三、简答题

1.轮胎在拆装过程中有哪些注意事项?

2.为什么要定期进行轮胎换位?

3.制动摩擦片、制动盘检修的注意事项有哪些?

参 考 文 献

[1] 帅石金. 汽车文化[M]. 北京:清华大学出版社,2007.

[2] 彭光乔,姚博瀚. 汽车保养与维护[M]. 北京:北京理工大学出版社,2011.

[3] 王治平. 汽车检测技术与设备[M]. 北京:人民邮电出版社,2013.

[4] 吴兴敏. 汽车车身结构[M]. 北京:人民邮电出版社,2010.

[5] 陈家瑞. 汽车构造[M]. 北京:人民交通出版社,2006.

[6] 秦浩. 汽车检测与故障诊断[M]. 北京:化学工业出版社,2018.

[7] 范爱民. 汽车维护与保养[M]. 北京:人民邮电出版社,2010.